ミラブル式バスタイムの秘密を大公開

美人は
お風呂でつくられる

ミラブル美人研究会
✦
著

徳間書店

ミラブル式バスタイムの秘密を大公開

美人はお風呂でつくられる

ミラブル美人研究会

徳間書店

Prologue

「今よりキレイになりたい」
「いつまでもキレイでいたい」
「もっと元気になりたい」
「ハッピーな気分で毎日を過ごしたい」

この本は、そんなふうに感じている人に向けて送る一冊です。

美容法やダイエット、メイクといった女性たちをキレイにするアプローチは、時代とともにさまざまなトレンドが移り変わるもの。もちろん、自分たちの年代によってもベストな選択は変わります。

そんななかで、時代や年齢を問わず、誰もが毎日のように習慣にしているキレイになるために持っている時間があります。それが、バスタイムです。

シャワーを浴びたり、湯船に浸かったりするバスタイムは、「洗浄」だけでなく、髪や肌、身体を美しく格上げする「キレイをつくる時間」。そして、お疲れ気味の心を優しくほぐす「リラックスできる時間」でもあるのです。

だからこそ、毎日のバスタイムをなんとなく過ごすのは、もったいないこと。さらに、もしも「忙しくて湯船に浸かる時間がとれない」「夜遅くにお風呂に入るのは面倒くさい」「シャワーを浴びるだけで汚れや疲れがしっかりとれているか不安」「子どもがいてゆっくりお風呂の時間をとれない」といったネガティブな思いでモヤモヤすることがあるなら、せっかくの「キレイをつくる時間」や「リラックスできる時間」を手放すことにもなりかねません。

本書では、ミラブルユーザーだけでなく、ミラブルをまだ使ったことがない人でも興味を持って読むことができる、バスタイムでキレイになる方法やリラックスするコツをご紹介しています。

実際に私たちが実践していることばかりですので、最後までお読みいただけたら幸いです。

Prologue 2

Chapter 1

バスタイムで「顔」をキレイにする

Face

CONTENTS

Chapter 2

バスタイムで「髪」に潤いを与える

Hair

CONTENTS

Chapter 3

バスタイムで「カラダ」を磨く

Body

Chapter 4

バスタイムで「メンタル」を整える

Mind

Illustration…………徳丸ゆう
Book Design………HOLON

INTRODUCTION

バスタイムでキレイをつくる

40代で驚異の「肌年齢マイナス19歳」が叶った人も!

ミラブルの生みの親、
株式会社サイエンスの社員のみなさんは
肌年齢に自信アリ!

「まるで、浴びる美顔器みたい!」と評判のシャワーヘッド、
ミラブルを毎日使っている株式会社サイエンスの
社員のみなさん(24～67歳の男女15名)が肌年齢を調査したところ、
「平均して実年齢よりマイナス12.2歳」とのこと。
毎日の美肌習慣が驚きの結果を生んだようです。

乾燥肌から
もちもち肌に。
自信を持てるように
なりました

体験者
Mさん（44歳・女性）

結果
マイナス7歳

実年齢44歳
▼
肌年齢37歳

使っている肌ケア関連製品
「ミラブル」

長年、悩んでいた
大人のニキビから
解放されました

体験者
Sさん（39歳・女性）

結果
マイナス6歳

実年齢39歳
▼
肌年齢33歳

使っている肌ケア関連製品
「ミラブル」

実年齢を告げると
「お若いですね」と
必ず驚かれます

体験者
Aさん（63歳・男性）

結果
マイナス33歳

実年齢63歳
▼
肌年齢30歳

使っている肌ケア関連製品
「ミラブル」「ミラブルケア」「ミラバス」

こんなふうに、肌年齢に自信を持っている美の賢者たちの秘密は「ミラブル式 バスタイム」にあるようです。そこでは普段からどんなケアをして、どんなことに気をつけているのか、早速、キレイの秘密に迫りましょう！

※調査は2023年9月30日及び10月3日に、サイエンステクニカルラボで調査をおこなった結果、15名のうち5名の結果を抜粋して掲載。
各コメントは個人の感想です。効果には差があります。また、すべての方に効果があるとは限りません。

本書を読めば、すべて身につきます！

毎日の習慣がキレイをつくる「ミラブル式 バスタイム」がもたらす7つのいいこと

お風呂に入ったりシャワーを浴びたりするのは、毎日の習慣。
だからこそ、いつもルーティンになっていることを
ほんの少し見直すだけで想像以上のキレイが手に入るようになります。
バスタイムを有効活用することでもたらされるといわれる
7つのメリットは本書を読めば叶います！

Benefits of bath time 1

美肌

毛穴レベルの汚れまでしっかり落とすことで、自分の素肌に自信が持てるようになる、というのが美の賢者流。赤ちゃんのようなぷるぷるもちもちの肌を叶えたいならぜひ参考に！

Benefits of bath time 2

美髪

美髪を育てる土台となる頭皮や毛穴の汚れも、すっきり洗い流すことがポイント。「年齢を重ねてツヤやコシがなくなってきた」という人こそ、美の賢者の髪や頭皮のケアを習慣に。

Benefits of bath time 3

美body

「洗って終わり」ではないのが、美の賢者の美bodyづくり。洗い方にはじまり、バスタイム後のちょっとしたお手入れまで「小さなコツコツ」を知れば美bodyが手に入ります。

Benefits of bath time 4

メンタル安定

バスタイムは肌や髪をキレイにするだけの時間ではなく、心をニュートラルに戻す時間でもあります。美の賢者たちがどうやってメンタルを安定させているかの秘訣も丸わかりに！

Benefits of bath time 5

プチ不調改善

「手足が冷える」「足がむくむ」といった、病院に行くほどではないと感じる日々のプチ不調もバスタイムで改善をこころみるのが美の賢者たち。毎日を快適に過ごすコツもご紹介！

Benefits of bath time 6

ダイエット

バスタイムでしっかり身体が温まることで代謝アップ効果も期待できるはず。そんな代謝アップを加速する美の賢者によるバスタイムの活用法でキレイになりましょう!

Benefits of bath time 7

アンチエイジング

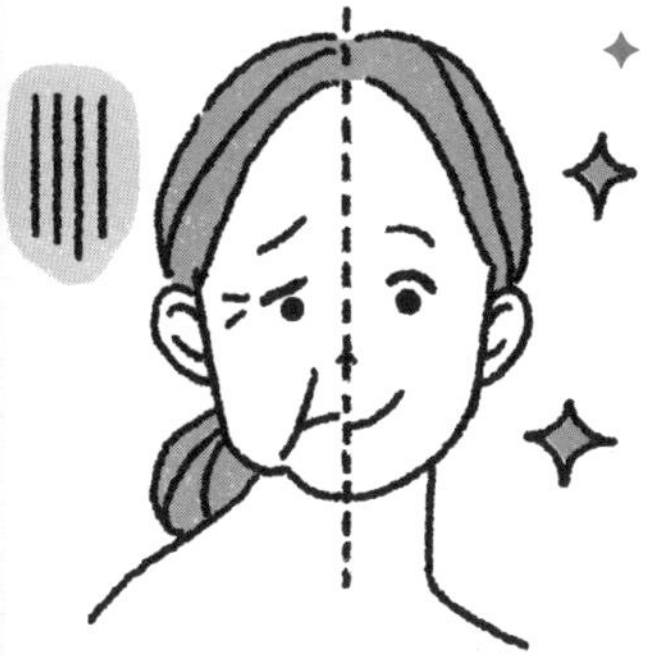

「肌年齢が若いと、実年齢まで若く見える」という常識を体現する美の賢者たち。見た目だけでなく、仕事やプライベートでもモチベーションが自然に上がる、「若見え」の秘密も公開!

本を読んで、お風呂に入って、キレイになる！

この本の使い方

この本では、「キレイになりたい」「いつまでもキレイでいたい」と心がけている株式会社サイエンスのみなさんと、大ヒット商品『ミラブル』シリーズのアイテムなどのユーザーのみなさんを「美の賢者」としています。そして、美の賢者たちが日々実践していることを徹底的にリサーチした結果をもとに、85のセルフケアのメソッドを紹介しています。どこから読んでもOKです。自分に合いそうなケアからためしてみてください。

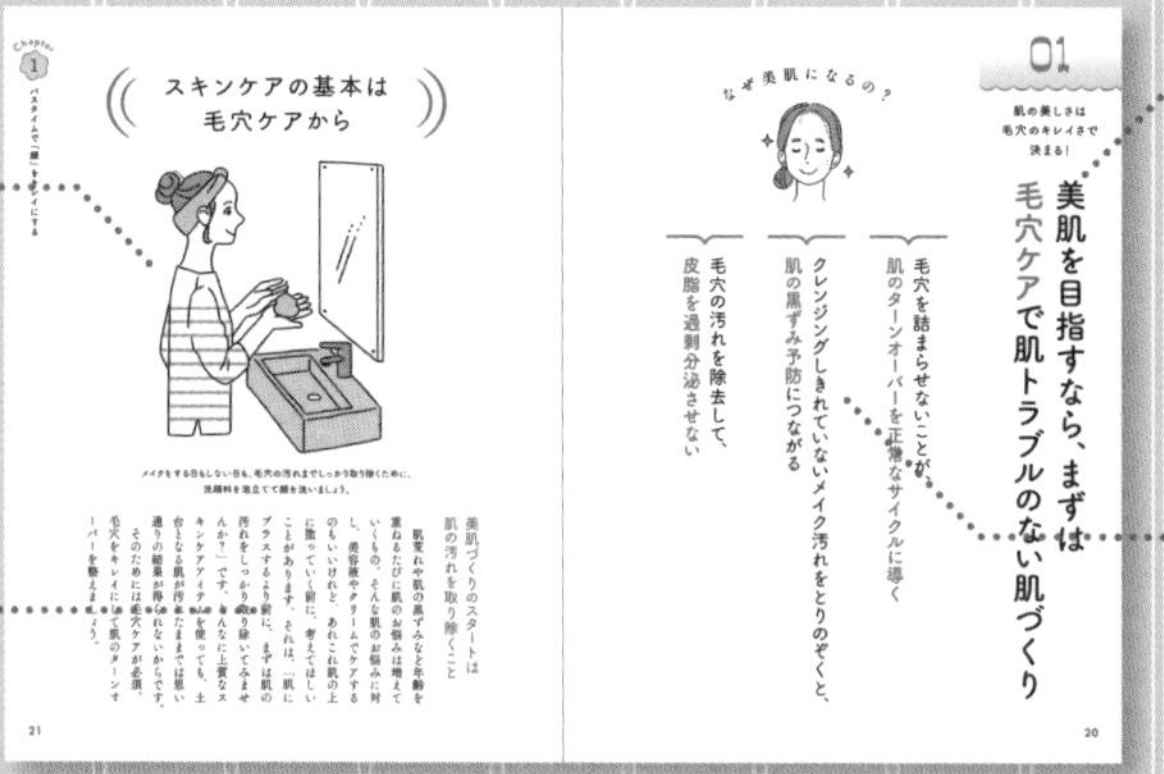

1　キレイになるための心得
各章のテーマに沿って、今日から心がけたいことや実践したいことを端的に説明しています。

2　「なぜ、そうなるの？」を解説
各項目で紹介する内容の「なぜ、そうなるの？」を簡潔にまとめています。

3　イラストや図で説明
各項目で説明していることを、イラストや図でわかりやすく紹介しています。

4　内容を詳しく説明
キレイになる理由や、キレイになるためのヒントを丁寧に解説しています。

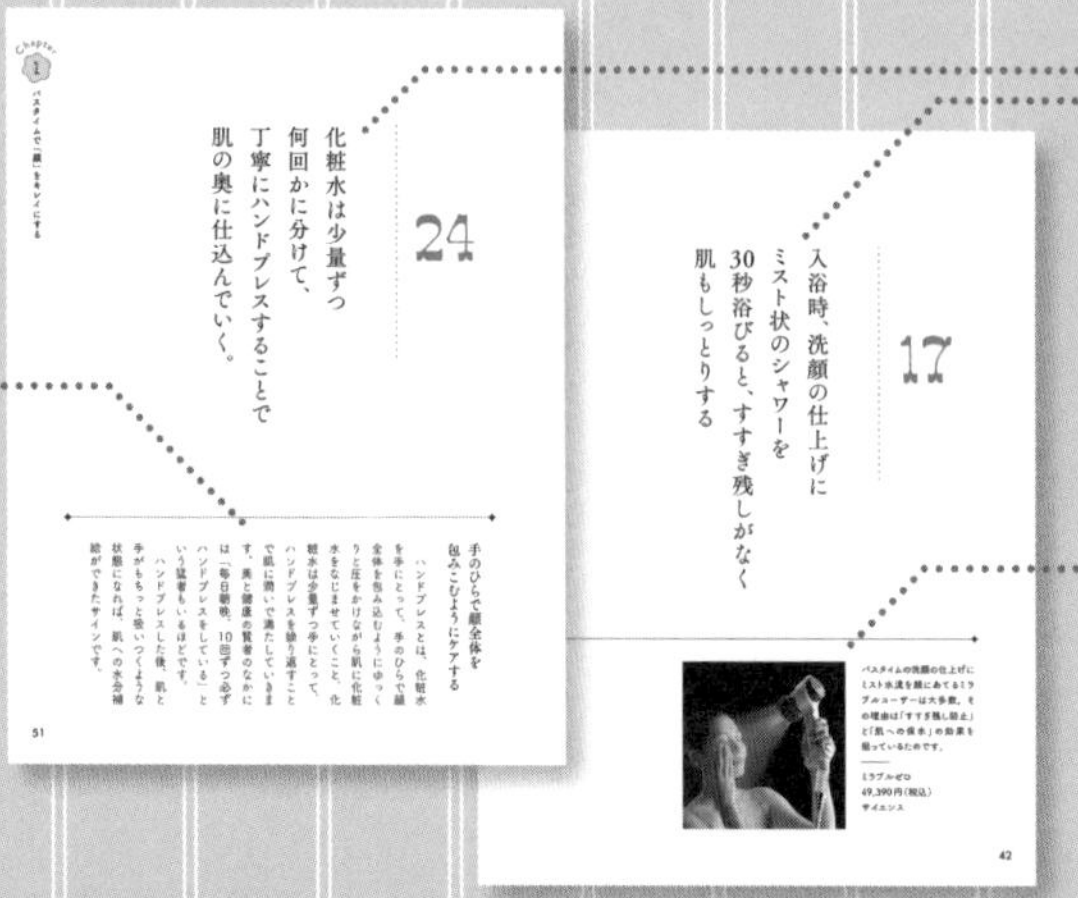

5　美の賢者からのメッセージ
キレイを牽引する美の賢者のみなさんが、実際に日々実践しているメソッドを紹介しています。

6　イラストや写真で紹介
アイテムや方法などを写真やイラストを活用してわかりやすく説明しています。

7　内容を丁寧にフォロー
「なぜ、それをするの？」「それをすると、どんないいことがあるの？」を詳しく解説しています。

※効果には個人差があります。また、すべての方に効果があるとは限りません。

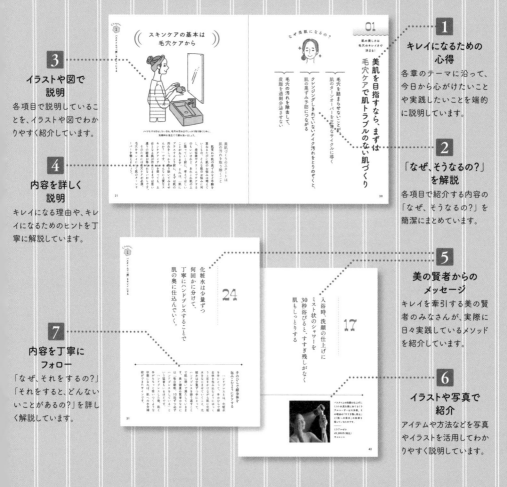

Chapter 1

バスタイムで「顔」をキレイにする

01

肌の美しさは
毛穴のキレイさで
決まる！

美肌を目指すなら、まずは毛穴ケアで肌トラブルのない肌づくり

なぜ美肌になるの？

毛穴を詰まらせないことが、肌のターンオーバーを正常なサイクルに導く

クレンジングしきれていないメイク汚れを取り除くと、肌の黒ずみ予防につながる

毛穴の汚れを除去して、皮脂を過剰分泌させせない

スキンケアの基本は毛穴ケアから

メイクをする日もしない日も、毛穴の汚れまでしっかり取り除くために、
洗顔料を泡立てて顔を洗いましょう。

美肌づくりのスタートは肌の汚れを取り除くこと

肌荒れや肌の黒ずみなど年齢を重ねるたびに肌のお悩みは増えていくもの。そんな肌のお悩みに対し、美容液やクリームでケアするのもいいけれど、あれこれ肌の上に塗っていく前に、考えてほしいことがあります。それは、「肌にプラスするより前に、まずは肌の汚れをしっかり取り除いてみませんか？」です。どんなに上質なスキンケアアイテムを使っても、土台となる肌が汚れたままでは思い通りの結果が得られないからです。

そのためには毛穴ケアが必須。毛穴をキレイにして肌のターンオーバーを整えましょう。

02

洗顔をする時は手のひらいっぱいの泡をそっと顔に乗せて。肌に直接触れないのがお約束。

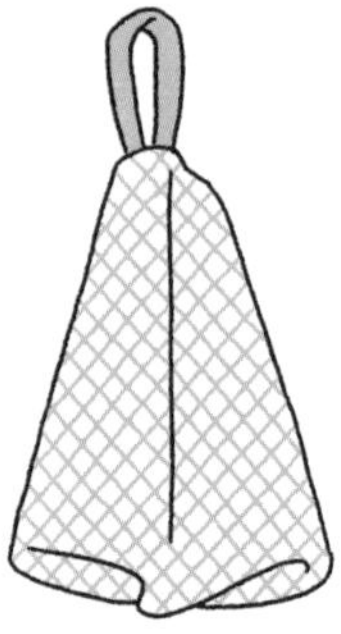

洗顔する時にゴシゴシと顔をこすらないのが美の賢者流。100円ショップなどで販売している泡立てネットを活用して、手のひらにたっぷり乗せたモコモコの泡で洗います。泡がクッションの役割を果たし、摩擦レスで肌を守りながら不要な汚れや皮脂だけをしっかり落とします。

03

朝の洗顔の目的は寝ている間の汚れや皮脂などを泡で優しく洗い流すこと。

寝ている間も肌は汚れています

「寝ている時は、肌は汚れないのでは？」と思うかもしれませんが、実際は睡眠中も皮脂や汗の分泌があり、顔は汚れています。

朝の洗顔は、夜に顔に付着した顔の汚れを落とす意味でも必要な習慣。もともとの肌質によっても個人差はありますが、乾燥が気になる場合を除き、朝も洗顔料で洗います。

基本的にはTゾーンや小鼻などベタついている部分に泡を乗せ、乗せた泡を肌の上で転がすようにした後、ぬるま湯で優しく洗い流しましょう。

04

正しい洗顔方法で
美肌づくりの
土台をつくる

バリア機能を守る洗い方で潤いを残しつつ汚れを洗い落とす

なぜ美肌になるの？

- 「肌のゴシゴシ洗い」と「洗いすぎ」による肌トラブルを防ぐ
- 肌のバリア機能を壊す原因となる自己流の洗顔方法を見直す
- 「Tゾーン↓Uゾーン↓目元＆口元」の皮脂量の多い順番で泡をなじませる

肌の潤いを守る 基本の顔の洗い方

1

泡立てた洗顔料は、先に皮脂の多い額と鼻のTゾーンに乗せる

2

次に頬とあごのUゾーンに泡を優しく乗せる

3

最後に皮膚の薄い目元や口元に、泡を軽く乗せる

4

すべての泡をなじませたら、丁寧に泡を洗い流す

正しい洗顔方法で肌の潤いをキープする

洗顔は、美肌づくりの土台をつくる「基本のき」。ところが毎日、朝晩欠かせない習慣にもかかわらず、自己流になりがちです。洗顔後に肌がピリピリしたり突っ張ったりする場合、洗い方や洗顔料が肌に合っていない可能性も。

乾燥肌や脂性肌など、どのような肌タイプにも共通しているのは「洗いすぎない」「ゴシゴシこすりすぎない」。肌の潤いを保つ役割を果たすのは「バリア機能」。ターンオーバーといって、約28日間かけて生まれ変わる肌代謝を乱さないためにも、上のイラストを参考に、バリア機能の働きを守る洗い方を身につけましょう。

05

肌を休めたい休日は肌への負担を極力減らすためにダブル洗顔不要のクレンジングで済ませるようにする。

「メイク落とし＋洗顔」を一度で済ませ肌をいたわる

　メイクなどの油性の汚れを落とす時に必要になるのがクレンジング。その後、皮脂や汗などの汚れを落とすための洗顔をするという、「メイク落とし＋洗顔」という2度のプロセスを1度で済ませられるのがダブル洗顔不要のクレンジング。「ダブル洗顔不要のクレンジングをはじめると、毎日のスキンケアがシンプルになる」と支持する美の賢者もいます。

06

冬場は「しっとり」タイプ、夏場は「さっぱり」タイプと季節によって洗い上がりの違う洗顔料を使い分ける。

今の自分の肌に合うかを実際にためすことも大事

自分の肌に合う洗顔料の選び方として「洗い上がりのタイプ」を基準にしている美と健康の賢者もいます。

よく見かける洗顔料のタイプは「さっぱり」と「しっとり」。「さっぱり」は肌のベタつきやテカリを抑えるようにさっぱり洗い流すので夏場や脂性肌に、「しっとり」は潤いをキープしながら優しく汚れを落とすので冬場や乾燥肌に向いているといわれています。

実際に使ってみることで、今の自分の肌で答え合わせができるでしょう。

07

長年、使い続けている洗顔料が今の自分の肌に合わなくなることだって当然、ある。

あらためて「今の自分」の肌質の見直しをする

大切なのは、そのときそのときの自分に合ったスキンケアアイテムを選びとって、最高の状態で肌に届けること。それには、今の自分の肌の状態を正しく知っておく必要があります。肌質も年齢によって変化するからです。

「ここ数年、同じ洗顔料を使っているな」と感じたら、思い切って変えてみるのも手。

美の賢者は、今の自分の肌と向き合い続けることを怠りません。

08

「酵素パウダー」や「米ぬか」をスペシャルケアとして投入。つるつる肌になれるアイテムを武器として持っておくと安心。

ごわごわ肌の原因となる古い角質の主成分のたんぱく質を分解する働きを持つ酵素パウダーや、肌の保湿力をアップする効果が見込める米ぬかを集中ケアとして活用している美の賢者も。

09

洗顔するときのお湯の温度に気をつけて！

顔を洗うお湯の温度は身体を洗うより低めが正解

適温は30〜32℃。
身体を洗うシャワーより低めのお湯で顔を洗う

皮脂が溶け出すのは30℃から。
高温だと皮脂を落としすぎ、低温だと皮脂が落としきれない

洗顔の目的は、潤いは残しつつ、必要以上の皮脂と汚れを落とすこと。
30〜32℃ならそれが叶う

身体を洗うより 低い温度のお湯で顔を洗う

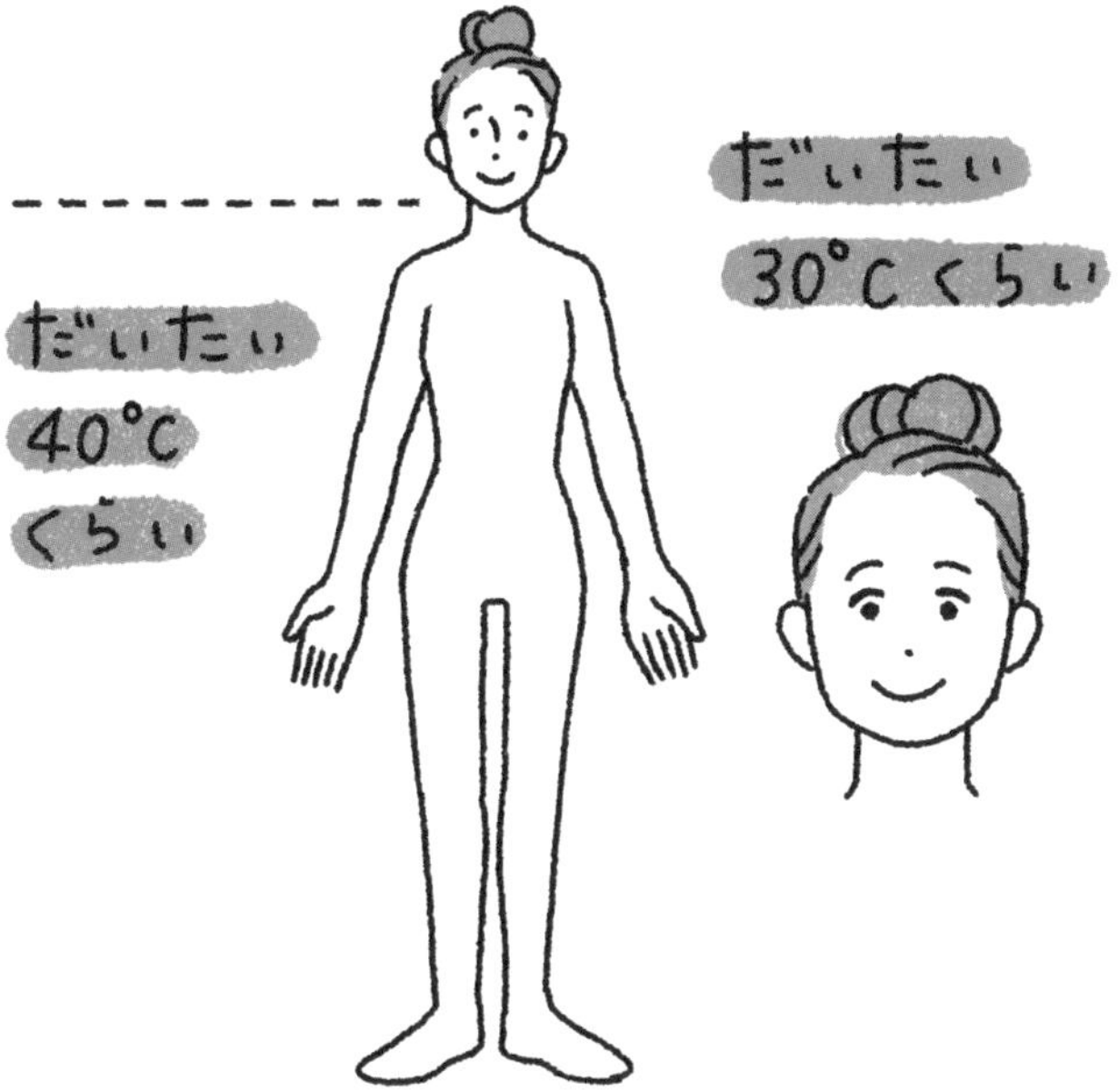

身体を洗うシャワーの温度が40℃前後だとすると、
顔はそれよりずっと低い30～32℃のお湯で洗いましょう

皮脂や汚れだけ落とし潤いを守るのは30～32℃

洗顔する時のお湯の温度も、美肌づくりのための大切なポイントです。

適正な温度は、だいたい30℃。美と健康の賢者たちは「高くて32℃」といいます。肌の皮脂は30℃くらいで溶け出すため、30～32℃のお湯だと自然に皮脂を浮かせて洗い流すことができるからです。それより熱ければ、必要な皮脂まで落としてしまうため乾燥を招き、それより低ければ皮脂を落としきれずに汚れも残ってしまうことになります。

30～32℃は、「触れてみて温かいとは感じないけれど、冷たくもない」というイメージです。

10

毛穴トラブルは
その原因と、適切な
ケア選びが肝心！

「毛穴問題」はトラブルごとにアプローチを変えてケアする

なぜ美肌になるの？

年代を問わず、多くの人が悩む毛穴トラブル。
まずは自分の毛穴トラブルの種類を知って、原因を探る

次にすべきは、それぞれの毛穴トラブルに対する
適切なアプローチ。
ここを間違うとかえって毛穴トラブルが悪化することも

トラブルのある毛穴を隠すより、
トラブルにならないような毛穴づくりを
毎日のスキンケアで習慣にする

トラブル別おすすめ毛穴ケア

詰まり毛穴

過剰な皮脂分泌やたまっている古い角質によって、毛穴が詰まった状態。白い毛穴と黒い毛穴、両方のパターンが見られます。

おすすめケア……クレンジングや洗顔が基本。オイルクレンジングで優しくマッサージをしても。

開き毛穴

過剰な皮脂分泌によって、毛穴が大きく丸く開いている状態。Tゾーンなど皮脂の分泌が多い部分に見られます。

おすすめケア……洗顔後の「化粧水＋乳液」という毎日の保湿ケアの徹底が最優先。毛穴パックの使用は控えましょう。

たるみ毛穴

加齢にともない肌の弾力がなくなり、毛穴が涙型にたるむ状態。頬のあたりによく見られます。

おすすめケア……毎日の保湿ケアのほか、紫外線対策を強化することもおすすめです。肌にハリを与えるスキンケアを心がけましょう。

黒ずみ毛穴

メラニンを過剰に生成することで色素沈着を起こし、毛穴が黒ずんで見える状態。鼻周辺によく見られます。

おすすめケア……クレンジングと洗顔という基本をしっかり丁寧にすることと、これ以上黒ずみが進まないよう紫外線対策も忘れずに。

乾燥毛穴

肌の水分不足によって、肌表面のキメが乱れ、毛穴周辺がへこむことで、毛穴が目立った状態。

おすすめケア……「乾燥対策＝毛穴対策」になるので、とにかく保湿ケアをしっかりすること。水分と油分をしっかり肌に与えるスキンケアをしましょう。

間違った毛穴ケアがむしろ悪化させることも

肌のお悩みで、どの年代でも必ずといっていいほど上位にランクインするのが「毛穴問題」ではないでしょうか。毛穴のトラブルのために、さまざまなスキンケアをためしたり、毛穴をカバーするためのメイクをがんばったりしている人も多いはず。ところが、間違った毛穴ケアや過度なメイクによって、さらに毛穴のトラブルが悪化してしまう……という残念な結果を招くこともあります。

大切なのは、自分の毛穴のトラブルの種類と原因を知って、それに合ったケアを実践すること。それが最善の解決策です。

11

鏡を見た時に
真っ先に気になるのは
鼻の頭と小鼻の黒い毛穴。
だから、この部分のケアは入念に。

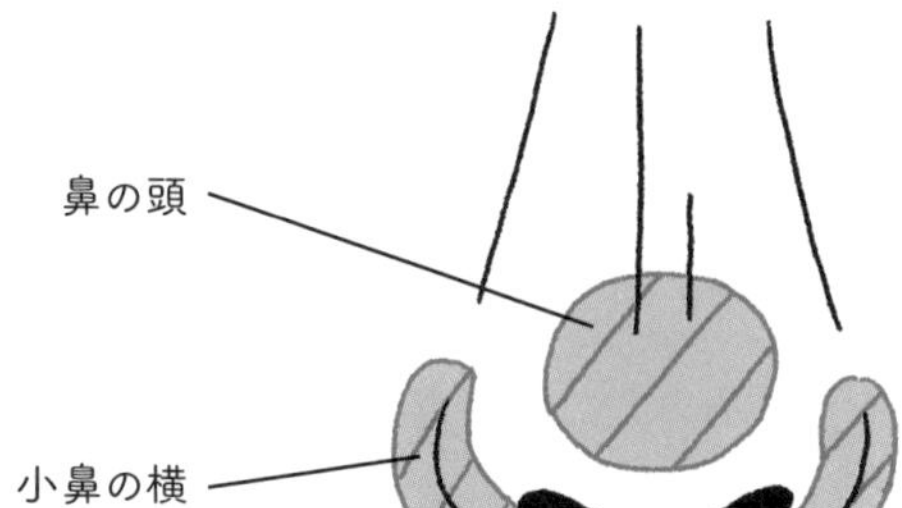

鼻の頭や小鼻は顔のなかでもとくにオイリーになりがちな部分。毛穴が広がって皮脂や汚れが詰まり、黒ずんで見えることも多いもの。丁寧なクレンジングと洗顔、保湿を。

12

肌の乾燥が気になるけれど皮脂や汚れは落としたい。そんな時には適度な潤いを残すジェル洗顔がぴったり。

汚れをクリアしつつも潤うジェルのパワー

「容器から出してそのまま使えるので泡立てる手間がなくて楽」と人気のジェル洗顔。ジェル洗顔では、ジェルタイプの洗顔料を使って顔を洗います。ジェルをダイレクトに肌に乗せて優しくなじませながら洗うことが特徴です。

一般的な洗顔料を使うよりもソフトでしっとりした洗い上がりになることが多いので、乾燥が気になる季節や乾燥肌の人たちからも人気。ジェルのぬめりが肌に残らないよう、しっかりとすすぐことは欠かせません。

13

そのクレンジング、
今の自分に
合っていますか？

適正なクレンジング剤選びで肌の潤いは驚くほど変わる

なぜ美肌になるの？

クレンジング剤にはそれぞれ特徴があるので、まずはそれぞれを知る

肌質や使うシーンによって変わる。その時の自分にふさわしいクレンジング剤を選ぶ

メイクの濃さによって、クレンジング剤を使い分けるのもおすすめ

クレンジング剤の特徴とおすすめのタイプ

「オイル」タイプ

油性成分をベースにしたオイルで、メイクや汚れをしっかり落とすクレンジング剤。

おすすめのタイプ

▶メイクが濃いめの人
▶洗浄力を重視する人

「ジェル」タイプ

とろみのあるテクスチャーでメイクを肌になじませて落とすクレンジング剤。水性と油性がある。

おすすめのタイプ

▶水性はメイクが薄め、油性は濃いめの人
▶オイルタイプよりさっぱり感がほしい人

「クリーム」タイプ

肌の摩擦が少なく、しっとりした洗い上がりのクレンジング剤。洗浄力はマイルド。

おすすめのタイプ

▶敏感肌の人
▶ナチュラルメイクの人

「ミルク」タイプ

乳液のようなテクスチャーで、水分や皮脂を必要以上に奪うことなく洗い上げるクレンジング剤。

おすすめのタイプ

▶ナチュラルメイクの人
▶クリームタイプよりさらにマイルドな洗浄力を求める人

「リキッド」タイプ

水分やアルコール分をベースにした、さらっとしたテクスチャーのクレンジング剤。濡れた手でも使用可能。

おすすめのタイプ

▶お風呂で使いたい人
▶「オイルフリー」を求める人

「バーム」タイプ

オイルを固めた半固形タイプのバームをメイクになじませて落とすクレンジング剤。洗浄力は高め。

おすすめのタイプ

▶脂性肌の人
▶メイクをしっかり落としたい人

クレンジング剤の特徴を知ることが正解への近道

美の賢者たちがおすすめするクレンジング剤の選び方もやっぱり、「今の自分の肌質に合わせて選ぶこと」とのこと。

たとえば、乾燥肌には保湿力と洗浄力を兼ね備えたクリームタイプのクレンジング剤が肌の潤いを守る洗い上がりです。脂性肌には、しっかりと皮脂を落とすオイルクレンジング、乾燥している部分とオイリーな部分が混在する混合肌には、汚れを落として潤いを残すジェルタイプというように。

それぞれのクレンジングの特徴を知って、自分の肌質に合ったクレンジング剤を選びましょう。

14

年齢を重ねるたびに乾燥が気になる敏感肌に。だから、クレンジング剤は「石油系界面活性剤フリー」一択。

肌のバリア機能を守る「界面活性剤不使用」を選ぶ

クレンジング剤のなかには、界面活性剤という成分を含むものもあります。界面活性剤とは、油と水を混ぜる働きをする物質のこと。油性の汚れなどを水で洗い流すために界面活性剤の力を借りて、本来は混ざらない油と水を混ぜて洗い流すことをしています。

ただし、もともと備わっている肌のバリア機能まで奪ってしまうリスクもあると考えて、「石油系界面活性剤フリー（不使用）」のクレンジング剤を選んでいる、美の賢者もいます。

15

アイラインやアイシャドウを使うポイントメイクをした日はたっぷりめのクレンジング剤で目の周りを軽〜くオフする。

まぶたのメイク落としは、できるだけ摩擦を軽減するためにもクレンジング剤をたっぷり使うこと。それを指先に乗せ、優しく軽く、くるくると円を描くようになじませます。

16

意外と多い
「すすぎ残し」は
肌荒れの原因にも

雑なクレンジングは絶対NG!「すすぎ残し」は美肌の最大の敵

なぜ美肌になるの?

すすぎ残しは肌のトラブルの原因になる

とくに「髪の毛の生え際」「目頭の元」「鼻の付け根」「小鼻」「フェイスラインの外側」「あごの裏」は丁寧に洗い流す

バシャバシャ洗って終わり、ではなく、パーツごとに丁寧に洗い流す

「すすぎ残し」がないよう、ココはしっかり洗って！

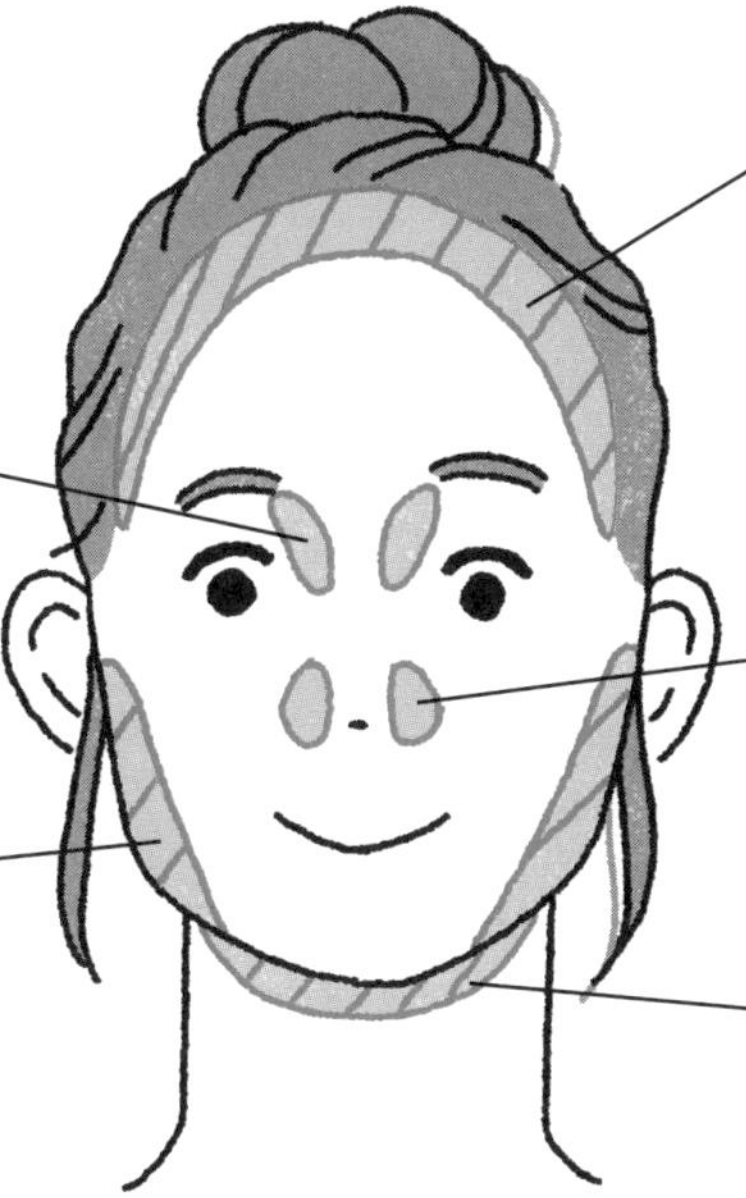

「髪の毛の生え際」「目頭の元」「鼻の付け根」「小鼻」「フェイスラインの外側」「あごの裏」はすすぎ残しの多いパーツなので注意！

ぬめりがないか手で触ってたしかめながら洗い流す

すすぎ残しは肌のトラブルを引き起こす原因のひとつ。美肌づくりの敵ともいえます。クレンジング剤や洗顔料が肌に残っていると、肌への刺激となり、雑菌の繁殖や炎症を起こすケースもあるとされています。

とくにすすぎ残しが多いのは、「髪の毛の生え際」「目頭の元」「鼻の付け根」「小鼻」「フェイスラインの外側」「あごの裏」といった凹凸がある部分です。バシャバシャと雑に洗い流すのではなく、すすぎ残しの多い部分を意識しながら丁寧に手で触ってぬめりがないかをたしかめながら洗い流しましょう。

17

入浴時、洗顔の仕上げに
ミスト状のシャワーを
30秒浴びると、すすぎ残しがなく
肌もしっとりする。

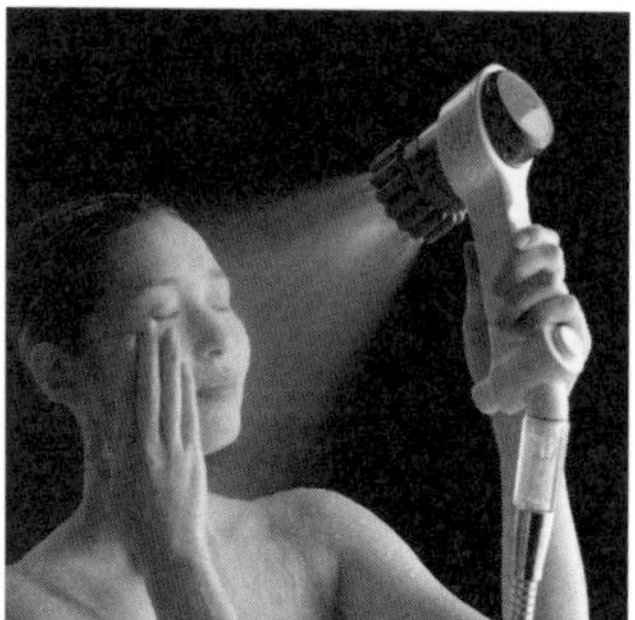

バスタイムの洗顔の仕上げにミスト水流を顔にあてるミラブルユーザーは大多数。その理由は「すすぎ残し防止」と「肌への水分補給」を狙っているためです。

ミラブルゼロ
49,390円（税込み）
サイエンス

18

低めの温度のミストをあてて
毛穴を引き締める――。
これを、毛穴レスの美肌を目指す
ルーティンにしている。

美の賢者は、毛穴レスの美肌を目指すことにも余念がありません。ミラブルのシャワーヘッドのミスト水流をあてることを習慣にし、毛穴ケアとしている人も多数派。

ミラブルゼロ
49,390円（税込み）
サイエンス

19

「洗って終わり」の
洗顔習慣には
今日でサヨナラを！

洗顔後は「なる早」で保湿を！タイムリミットは「5分以内」

なぜ美肌になるの？

入浴後や洗顔後は時間の経過とともに、どんどん乾燥が進む

遅くても5分以内。1分でも速くスキンケアをすることで、肌の水分の蒸発にブレーキをかける

スキンケアアイテムを手の届くところに置いておくと、スムーズに保湿ができる

なにはさておき、まずは肌の保湿が最優先！

入浴後や洗顔後は、1分でも速く肌の保湿をしましょう。最長でも5分以内がリミット。
乾燥は時間がたつごとに進んでいきます。

時間の経過とともに乾燥する肌にお急ぎで潤いを届ける

入浴後や洗顔後は、5分以内にスキンケアをすること。これは、美の賢者なら常識の美肌づくりの鉄則です。入浴後や洗顔後は時間の経過とともにどんどん肌の表面から水分が蒸発していくといわれています。クレンジングや洗顔料で洗い流した肌をそのままにしておくと、乾燥は進む一方です。

着替えや歯磨きは、ひとまず後回しにして、まずは化粧水を肌に浸透させることが最優先。バスルームに化粧水を置いておくなど、手の届きやすいところにスキンケアアイテムをスタンバイしておくのもおすすめです。

20

高価なコスメをチビチビ使うより、プチプラコスメをジャバジャバと。肌を水分で満タンにしよう。

美肌づくりに重要なのは「値段」より「量」

化粧水をつけるメインの目的は肌への水分補給です。肌のキメを整え、次につけるクリームや美容液を浸透しやすくするともいわれています。

入浴後や洗顔後の乾いた肌は、水分を求めているのでたっぷり吸い込ませてあげるイメージでスキンケアをしましょう。そのためにも化粧水はケチらずに使うこと。「高いか安いか」という値段より、「たっぷり使うか、ケチってチビチビ使うか」という量の問題のほうが、美肌づくりには重要なポイントになります。

21

顔全体、肌のすみずみまで確実に化粧水を届けたいから、入浴後や洗顔後はミストをスプレーするケアは必須。

スキンケアを格上げするアイテム『ミラブルケア』は、化粧水を容器に入れてポンピングしてから吐水するとナノサイズの泡を生成、ミスト状の化粧水を顔に噴射できます。

ウルトラファインミスト
ミラブルケア
33,000円(税込み)
サイエンス

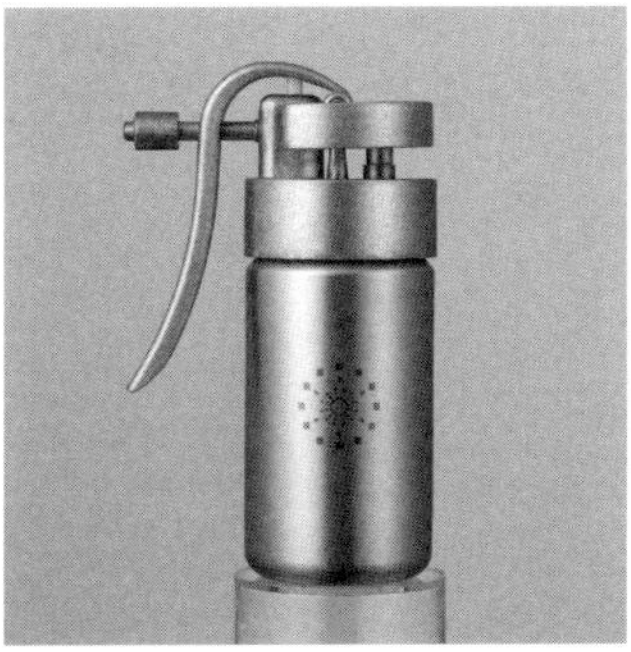

22

化粧水の後に
乳液をつけるのには
大事な意味がある!

美肌をつくるスキンケアの基本は「水分＋乳液」の両輪での保湿

なぜ美肌になるの？

どのような年齢や肌質、季節であっても、「化粧水＋乳液」はスキンケアの基本

化粧水で水分を補給し、補給した水分を奪われないように乳液の油分で肌にフタをする

「化粧水→乳液」という順番を守るスキンケアで、肌をしっかり保湿する

化粧水で「水分」、乳液＆クリームで「油分」を補う

年齢や肌質、季節をとわず、化粧水と乳液はセットでおこなうスキンケアの基本。化粧水で補給した水分を、乳液の油分でフタをするイメージです。

肌から蒸発する水分を乳液の油分でブロックする

「化粧水＋乳液」は、どのような肌質や年齢の人にとっても美肌づくりには欠かせません。「化粧水だけでしっとりするから十分」「いきなり乳液をつければ、もっと潤うのでは」ということではなく、両方セットでケアすることが大切です。

まずは、化粧水で肌にしっかり水分を補給します。そこでせっかく潤っても、油分不足だと水分が蒸発して乾燥を招きかねません。

化粧水の後は肌に油分を与える乳液でしっかりシールドします。水分と油分で肌の潤いを守るのがスキンケアの持つ意味といえるでしょう。

23

スキンケアアイテムを選ぶ時、聞いたことのないような新しい成分が入っているものに慌てて飛びつかないようにする。

「今の自分の肌に必要?」と向き合ってアイテムを選ぶ

美の賢者たちは意外と保守的な一面も見え隠れします。たとえば、まだそれほどなじみがない成分を含むスキンケアアイテムが登場しても、すぐに飛びつきません。

まずは「自分の肌に合っているものなの?」「今の自分の肌に必要なもの?」と自分自身に問い合わせることを忘れません。そして、自分なりに成分のことを調べつつ、試供品や少量パックのものでためしながら、じっくり見極めて選ぶようにします。

それが、揺るがない美肌をつくるマインドです。

24

化粧水は少量ずつ何回かに分けて、丁寧にハンドプレスすることで肌の奥に仕込んでいく。

手のひらで顔全体を包み込むようにケアする

ハンドプレスとは、化粧水を手にとって、手のひらで顔全体を包み込むようにゆっくりと圧をかけながら肌に化粧水をなじませていくことです。

化粧水は少量ずつ手にとって、ハンドプレスを繰り返すことで肌に潤いで満たしていきます。「毎日朝晩、10回ずつ必ずハンドプレスをしている」という美の賢者もいるほど。丁寧にスキンケアを重ねていきましょう。ハンドプレスした後、肌と手がもちっと吸いつくような状態になれば、肌への水分補給がしっかりできたサインです。

25

シートマスクの
長時間使用は
乾燥を招くもと！

保湿のためのシートマスクを顔に乗せるのは「長くて10分」

なぜ美肌になるの？

シートマスクを顔に乗せる時間が
長いほどいいとは限らない

せっかく肌に水分補給をしても、
長時間つけておくことで乾きはじめたシートマスクに
水分が戻ってしまうリスクもある

肌の状態や湿度にもよるものの、
だいたい長くても10分くらいにとどめておく

「10分間」をリマインドするために アラームをかけておくのも◎

シートマスクをつけたまま、ほかのことをしたり寝落ちしたりしないよう、スマホでアラームをかけておくと安心です。

肌に補った水分をシートマスクに戻さない

「シートマスクを顔に乗せておく時間は、長ければ長いほどいい」という思い込みは、間違ったスキンケアのもと。シートマスクは、つける時間が長いほど効果が大きくなるとは限りません。

もちろん、シートマスクによって目的や使用時間も変わるので、説明書きに従って使用するのが大前提です。たとえば多くの保湿目的で毎日のように使用可能なシートマスクの場合、美の賢者たちは10分以内を目途にケアしています。肌の状態や湿度によって調節しつつ、推奨時間より若干短めのケアをするのが賢者流です。

26

肌の乾燥がひどい時はスペシャルケアとしてスクワランオイルで肌をラッピングする。

「化粧水＋乳液＋オイル」で膜を乾燥から守る

スクワランオイルとは、サメの肝臓から抽出、精製したピュアなオイルのこと。スクワランオイルを、美容オイルとしてスキンケアの仕上げに取り入れている美の賢者も少なくありません。

スクワランオイルは、肌の表面に膜をつくり、肌の水分が蒸発するのを防ぎ、乾燥や刺激から肌を守るといわれています。酸化しにくく、肌への刺激も少ないというのもメリットでしょう。

27

しつこい大人ニキビ。「脂性肌だから」とあきらめずとくに保湿をしっかりすることで肌の調子が整った気がする。

大人ニキビができていても「隠れ乾燥肌」の場合も

頬やあごなどUゾーンを中心にできる大人ニキビ。かつては、大人ニキビに悩まされていた美の賢者いわく、「脂性肌だからニキビができるのかと思い込んでいたが、じつは肌の内側の乾燥による肌トラブルだった」とのこと。そこで、化粧水と乳液の基本のスキンケアを丁寧にしたところ、皮脂の分泌のバランスが整いはじめたという話。「肌質だから仕方ない」などと、あきらめる前に保湿ケアをためしてみるのも手だと思いませんか？

明日のキレイをつくる ミラブル式 Beauty Topics

ミラブルといえばコレ！
なぜ「ウルトラファインバブル」は私たちをキレイにするの？

Q そもそも「ウルトラファインバブル」の、何がすごいの？

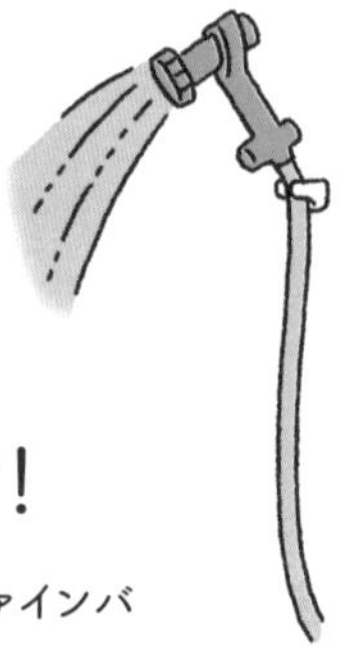

A 人間の目では見えないほど小さな「気泡」によって、毛穴レベルでキレイにします！

ミラブルシリーズのシャワーヘッドでは、ウルトラファインバブルを含む水流によって洗浄実感を楽しめます。ウルトラファインバブルとは、直径1マイクロメートル未満の泡のことで、私たちの目では見ることができないほど微小なもの。ウルトラファインバブルの特徴は「高い洗浄力」にあります。微小な気泡は毛穴のなかまで入り込み、汚れを吸着してかき出すといわれています。肌にお湯が浸透することから、保湿効果も期待されるため、ウルトラファインバブルで洗うとしっとり潤うピカピカの肌が手に入ると評判です。

Chapter
2

バスタイムで「髪」に潤いを与える

28

美しい髪の基本は
頭皮をしっかり
ケアすること!

美髪を目指すなら、土台となる頭皮のケアが最優先

なぜ美髪になるの?

髪を美しくしたいなら、髪そのものより前に毛根を支える頭皮をケアすることが先決

髪のことは気にしても、頭皮のことまで気にする人は意外と少ない

髪の毛の土台となる頭皮を健やかに整えておくことで、年齢を重ねると増えていく、髪にまつわるトラブルを軽減できる可能性もある

年齢を重ねると髪の悩みも増えていく！

ハリ・コシがなくなった
白髪が増えた
髪の毛が細くなった
フケやかゆみが気になる
地肌が見えるようになった

髪にツヤやハリ、コシがなくなる、髪の毛が細くなる、薄毛が気になる、地肌が見えるようになる、白髪ができる、フケやかゆみが気になる……そんな悩みを解決するには、まずは頭皮を整えることです。

美しい髪を育てるなら頭皮ケアがいちばんの近道

ツヤツヤでさらさらの美しい髪に憧れない人はいないはず。口コミで評判のシャンプーや、サロンで買ったトリートメントで美髪づくりの努力をしている人も多いのではないでしょうか。

美の賢者たちは「髪を美しくしたいなら、頭皮の状態をよくすること」と口を揃えていいます。よく耕された畑においしい野菜が実るように、髪が育つ土台となる頭皮を健やかに整えることが美髪を育てるのには必要不可欠。年齢を重ねると増えるさまざまな髪のトラブルも、頭皮ケアをはじめることで軽減できる可能性もあります。

29

シャンプーの前にすることは、じつはたくさんあります！

バスタイムの前に、ブラッシングで汚れを落とす

なぜ美髪になるの？

シャンプー前の乾いた状態でブラッシングをすると、髪の表面についている汚れを落とすことができる

あらかじめブラッシングで頭皮の皮脂を浮かせておけば、シャンプーの効果が高まることも期待できる

シャンプー前に髪をとかしておくと、シャンプーの泡立ちがアップする

髪を洗う準備として ブラッシングをする

いきなりシャワーをジャーっと髪にあてるのではなく、
乾いた状態で髪の毛を優しくブラッシングしておおまかな汚れやほこりを落としましょう。

乾いた髪へのブラッシングで汚れや皮脂を落とす

美しい髪の持ち主は、シャンプーをする前にブラッシングをしています。ブラッシングと聞くと、ストレートのロングヘアの人だけがするイメージがあるかもしれません。ですが、髪の長さやヘアスタイルによらず、ブラッシングは髪と頭皮を健やかに整えるためには大切です。

あらかじめブラッシングをすることで、髪の表面についている汚れや頭皮の皮脂などを浮かせ、シャンプーの泡立ちをよくします。するとシャンプーをした時に汚れが落ちやすくなります。乾いた状態の髪の、毛先のほうから優しくとかしましょう。

30

シャンプーをつけず
まずはお湯だけで
ざーっと洗います！

シャンプーを手にとる前にお湯だけで「予洗い」をする

なぜ美髪になるの？

シャンプーする前に、お湯で頭皮と髪を洗う「予洗い」をする人が増えている

「予洗い」で髪の表面の汚れと頭皮を浮かせ、落としやすくする

「予洗い」をすると、その後のシャンプーの泡立ちもよくなる

まずはお湯だけで「予洗い」をする

シャンプーをする前に、お湯で髪や頭皮を軽く洗う「予洗い」をすると、
汚れや皮脂は落としやすくなります。

「予洗いは」ぬらすだけでなく軽く洗うイメージで

美髪習慣として「予洗い」も欠かせません。予洗いとは、お湯だけで頭皮や髪を洗うこと。「予洗い」するだけで、髪の表面についた汚れやほこり、頭皮の皮脂などが落としやすくなるといわれています。

「予洗い」する時のポイントは、「ぬらすだけでなく、軽めのシャンプーをするつもりで頭皮と髪を洗うこと」。シャワーを浴びながら、指の腹の部分を使って、頭皮全体を丁寧にマッサージするように洗っていくと、頭皮の皮脂や汚れが浮き上がり、その後のシャンプーで洗い流しやすくなります。

31

頭皮の乾燥が気になる時はシャンプーを使わずに髪を洗う「湯シャン」で頭皮を洗いすぎないようにする。

シャンプーの強い洗浄力から髪と頭皮を守る「湯シャン」

使わずにお湯だけで髪を洗う「湯シャン」が、注目を集めています。

たとえば、洗浄力の高いシャンプーで髪を洗ったり泡立てたりして生じる摩擦によって、髪の毛や頭皮にダメージを与えることがあります。そうした摩擦から髪の毛や頭皮を守る目的で湯シャンをする人もいます。乾燥対策や敏感肌対策として湯シャンを選択している人も。「肌と頭皮は地続きだから、同じように潤いを守ることは大事。洗いすぎによる乾燥やトラブルを防ぎたい」というのが理由です。

32

週末の頭皮ケアは髪をいくつか小分けにしてそれぞれのパートを丁寧に専用ブラシでマッサージする。

頭皮の血行をよくして健やかな髪を育てる

時間に余裕のある週末は、バスタブにゆっくり浸かりながら丁寧な頭皮ケアをする、というリラックスタイムを楽しむ美の賢者もいます。「丁寧な頭皮ケア」とは、髪が生えている部分をいくつかのパートに分けて、1カ所ずつ専用のブラシで頭皮マッサージをしていくという方法です。

頭皮マッサージで、頭皮の血流がよくなり、すみずみに新鮮な酸素が運ばれれば自然と頭皮だけでなく、髪にもプラスの影響があるはず。顔のたるみのリフトアップ効果にも期待ができそうです。

33

「たくさんつければその分、キレイに洗える」は誤解です！

シャンプーの適量を守って、髪や頭皮に負担をかけすぎない

なぜ美髪になるの？

使うシャンプーの量が多すぎると、髪や頭皮に必要以上の負担がかかる

ショートは1プッシュ、ミディアムは2プッシュ、ロングは3プッシュがお約束

右の量のシャンプーを泡立てた時、髪の先までいきわたるかどうかに注目。過不足があれば、使うシャンプーの量を調整する

シャンプーは適量を守って使う

自分の髪の長さや、その日の汚れ度合いによっても適量は変わります。

シャンプーの使いすぎは頭皮と髪に負担をかける

シャンプーの適量って、知っていますか？　もちろん、髪の毛や頭皮の汚れ度合いにもよりますが、一般的な目安としては、「ショートは1プッシュ」「ミディアムは2プッシュ」「ロングは3プッシュ」といわれています。いつも自分が使っているシャンプーを泡立てた時、十分に髪の先までいきわたるようなら適量。過不足があれば、調整しましょう。とくに多すぎる場合は要注意。強い洗浄力で必要な皮脂まで奪うことになりかねません。

ちなみに、「髪を洗う前に予洗いすると、使うシャンプーの量は減る」という話もあります。

34

ダメージケア用、頭皮ケア用、フケ・カユミ用、というように目的に合わせて使い分けることが今の自分に合うシャンプー選び。

目的によってシャンプーを変えるのも◎

今使っているシャンプーが自分の頭皮や髪に合っているかどうかを見極めるポイントは、トラブルや不快事項がないかどうか。「髪がパサつく、ゴワつく」「頭皮がかゆい」「髪がまとまらない」といった問題があるなら、そのシャンプーは合っていないといえます。

頭皮や髪の状態は、その時々によって変化するもの。だからこそ、今の自分の頭皮や髪の状態に合わせて、使うシャンプーを変えるという選択もアリです。

35

「朝シャン」より断然「夜シャン」。睡眠中に分泌される皮脂が朝から一日中、頭皮をしっかりガードする役割を果たすから。

夜に分泌された皮脂が昼の頭皮を外敵から守る

夜にシャンプーをしてクリアになった頭皮は、朝までに新たな皮脂をつくります。

「皮脂＝悪いもの」としてとらえがちですが、じつは日中の紫外線などから頭皮を守ってくれるというプラスの側面もあります。朝にシャンプーをすると、頭皮を守るはずの皮脂が分泌されないまま日中を過ごすことになるので、頭皮がダメージを受けることも考えられます。

だからこそ、美の賢者たちは夜にシャンプーをしているのです。

36

シャンプーは
髪を洗うだけ
ではありません！

シャンプーは髪よりむしろ頭皮をキレイにすると心得る

なぜ美髪になるの？

シャンプーには、髪の表面の汚れを落とす以外に、頭皮や毛穴に詰まった老廃物を洗い流す役割がある

髪の表面を覆うキューティクルはぬれると開くので、そこでゴシゴシ泡立てると摩擦のダメージが髪を傷めることになる

だからこそ、シャワーやシャンプーでは、髪の毛よりも頭皮をメインに洗浄したい

シャンプーで洗うのは「髪より頭皮」と意識して！

髪をゴシゴシすると摩擦がダメージになることも。
シャンプーの泡で頭皮を毛穴ごとキレイにしましょう。

頭皮や毛穴に詰まった老廃物を泡で洗い流す

シャンプーは、髪より頭皮を洗うことを意識しましょう。髪の表面についている汚れだけでなく、頭皮や毛穴に詰まっている老廃物をキレイに洗い流すイメージです。

髪へのダメージを防ぐため、髪を使ってシャンプーを泡立てるのはNGです。

髪の毛は表面をキューティクルと呼ばれるたんぱく質でコーティングされています。キューティクルはぬれると柔らかくなる特徴があり、はがれたり開いたりします。そのタイミングで、シャンプーでゴシゴシすると髪が傷むのも当然です。

37

自分が放つニオイが気になるから
シャンプーする時は必ず
耳の後ろまで
しっかり洗うことがマスト！

自分では気づきにくいけれど、気にしておきたい「ニオイの問題」。とくに、意外にも耳の後ろは皮脂の分泌が活発といわれていて、皮脂はもちろん汚れも溜まりやすくなる部分です。シャンプーをする時は、耳の後ろを意識して洗うことがニオイの問題の解決策です。

38

旅先や出張先は髪がギシギシになりがち。塩素オフできるシャワーヘッドを持参すれば美髪をキープ可能！

美と健康の賢者たちは、自宅で愛用しているミラブルのシャワーヘッドを外し、手荷物と一緒に持っていく人が多数。宿泊先では、持参したシャワーヘッドと付け替えるだけでOK。「どこにいても、いつものバスタイムの心地よさと安心感を味わえる」と好評です。

39

ただなんとなく
「ガシガシ洗い」を
していませんか？

美容院の心地よさを再現すべく指先ではなく指の腹を使って洗う

なぜ美髪になるの？

指先、とくに爪を立ててしまった場合、頭皮に傷をつけることになる。なので、指先ではなく**指の腹で洗う**

指の腹でマッサージするように細かく動かすことで**頭皮の血行UP**を狙う

やみくもにガシガシ洗うのではなく、順番や洗い方のマイルールを決めると**洗い残しが防げる**

指先ではなく、指の腹を使って洗う

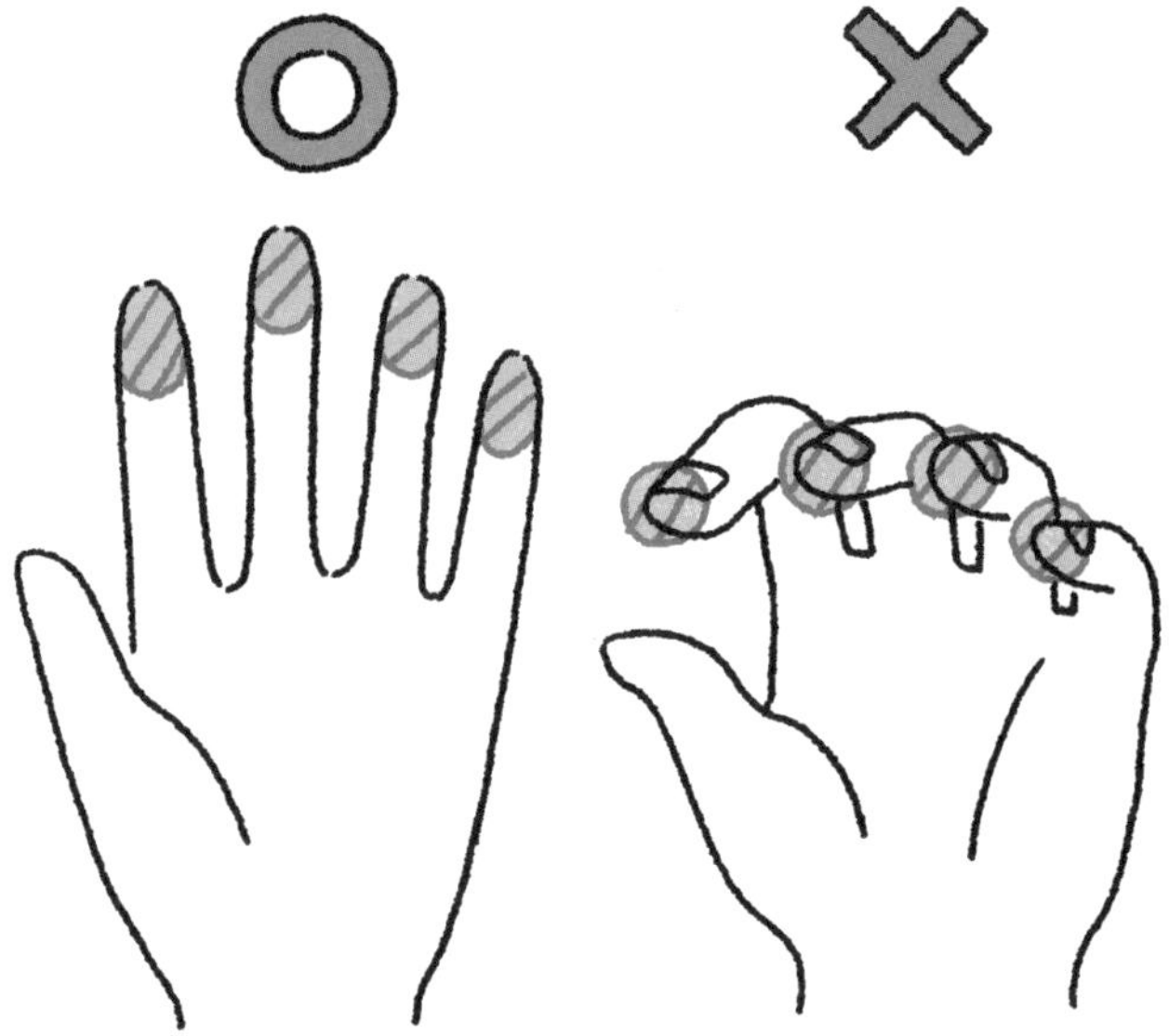

いつもの習慣で、つい指先や爪を立ててガシガシ洗ってしまう人は気をつけて。
頭皮に優しいのは指の腹のぷよぷよしている部分を使うソフトな洗い方です。

指の腹をジグザグに細かく動かして洗う

髪や頭皮の洗い方は、どうしても自己流になりがちです。美の賢者たちは、「指先ではなく腹を使って洗うと、美容室でシャンプーしてもらうみたいに気持ちがいい」といいます。指先で爪を立てて洗えば頭皮が傷つきますが、指の腹を使えば、そのダメージもありません。

頭の形に沿わせながら指の腹をジグザグに優しく動かしながら洗いましょう。

やみくもにただゴシゴシするのではなく、洗うパーツの順番を決めるなどマイルールをつくっておくと洗い残しを防ぐことができるのでおすすめです。

40

頭皮マッサージで
髪の美しさを
よみがえらせる！

いい頭皮にいい髪は育つ！美髪が育つ頭皮マッサージをする

なぜ美髪になるの？

頭皮の状態をよくしておくことが美しいい髪を育てる基本

頭皮のコンディションをよくするには、定期的な頭皮マッサージをすること

爪で頭皮を傷つけないよう、指の腹や手のひらを使って頭皮マッサージをする

5STEP式 頭皮マッサージのやり方

STEP1

指の腹を使って、頭皮全体を優しくもみほぐすようにします

STEP2

指を交差させ、手のひらを使って、頭皮を上に引っ張り上げるようにします

STEP3

指の腹を使って、首と肩の後ろの部分を内側から外側に円を描くようにもみほぐします

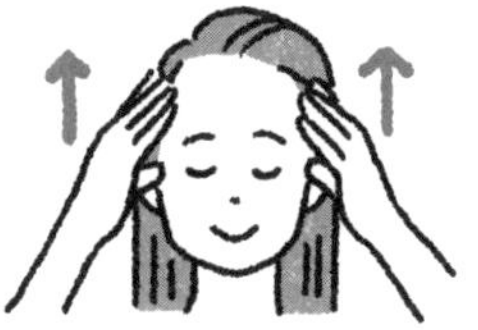

STEP4

人差し指、中指、薬指の3本の指の腹で、目の横から上に向かって引っ張り上げます

STEP5

親指以外の4本の指の腹を生え際にあて、優しく圧をかけながら動かします

指の腹と手のひらを使って優しくマッサージ

頭皮のコンディションを整えるためにおすすめなのは、自宅で簡単にできる頭皮マッサージです。頭皮マッサージをすることで、頭皮の血行をよくする効果が期待できます。頭皮に流れる血流が増えれば、新鮮な酸素が運ばれて栄養豊富な頭皮が育ち、髪の健やかな成育のサポートにもつながるといわれています。

頭皮マッサージは、指の腹を使ってもみほぐしたりリフトアップしたりするタイプ、手のひらを使って頭皮を動かすタイプなどさまざま。「気持ちいい」と感じる組み合わせをためしてみましょう。

41

リラックスしたい時はシャワーの強めの水流でヘッドスパ感覚を味わう。最高に気持ちいい！

見た目は普通のシャワーの水流に見えても、じつは2本のねじれた水流が衝突しているので、頭皮や毛穴にあてるとマッサージ感覚の刺激を受けることができます。

ミラブルゼロ
49,390円（税込み）
サイエンス

42

頭皮も顔と同じように乾燥する。だから保湿ケアをする。これって、当たり前のことだと思いませんか？

フケやかゆみが気になる乾燥頭皮には保湿ケアを

肌に乾燥肌と脂性肌があるように、頭皮にも乾燥派とオイリー派があります。フケやかゆみがある人は乾燥派かもしれません。頭皮をケアする保湿剤や美容液で頭皮の保湿ケアをしましょう。

さらっとした使い心地のミストタイプ、こっくりしているクリームタイプ、その中間のジェルタイプなど、自分の頭皮の状態に合わせて使い分けるのもおすすめです。

43

髪にも頭皮にもべったりつける必要はありません！

トリートメントは地肌ではなく毛先を中心につける

長さがある分、根もとより毛先のほうがダメージを受けやすい状態になっている。だから毛先のケアが必要

トリートメントは基本的には油分。ベタベタの頭皮にならないためにも、つけるのは毛先を中心にする

先に毛先にトリートメントをなじませてから、髪全体にいきわたらせるようにする

トリートメントは毛先からつけます

基本的にトリートメントは頭皮のためではなく、髪の毛のためのもの。
頭皮をベタベタさせないためにも、毛先を中心につけましょう。

もっとも傷んでいる毛先を重点的にケアする

トリートメントをする目的は、「髪のダメージを補修する」「パサつきを抑える」「手触りをよくする」などがあります。

トリートメントのターゲットは頭皮ではなく髪の毛。ツヤツヤに潤う美しい髪づくりをサポートします。

とくにケアする必要があるのは毛先です。毛根に近い、まだ新しい髪の毛より、毛先は長い分だけエイジングが進んでいてダメージを受けているからです。

手のひらに乗せたトリートメントを毛先につけて最短30秒はそのままに。その後、髪全体にいきわたらせてから洗い流します。

44

すすぎ残しが髪や頭皮のトラブルを招くことも!?

トリートメントは髪に残さずしっかり洗い流す

なぜ美髪になるの?

髪や頭皮にトリートメントやシャンプーが長時間残っていると、髪や頭皮のトラブルの原因になることもある

髪の生え際と耳の後ろは、とくにすすぎ残しをしがちなパーツ

すすぎが甘いとニオイや肌トラブルのもととなるリスクもある

「髪の生え際」と「耳の後ろ」のすすぎ残しに注意！

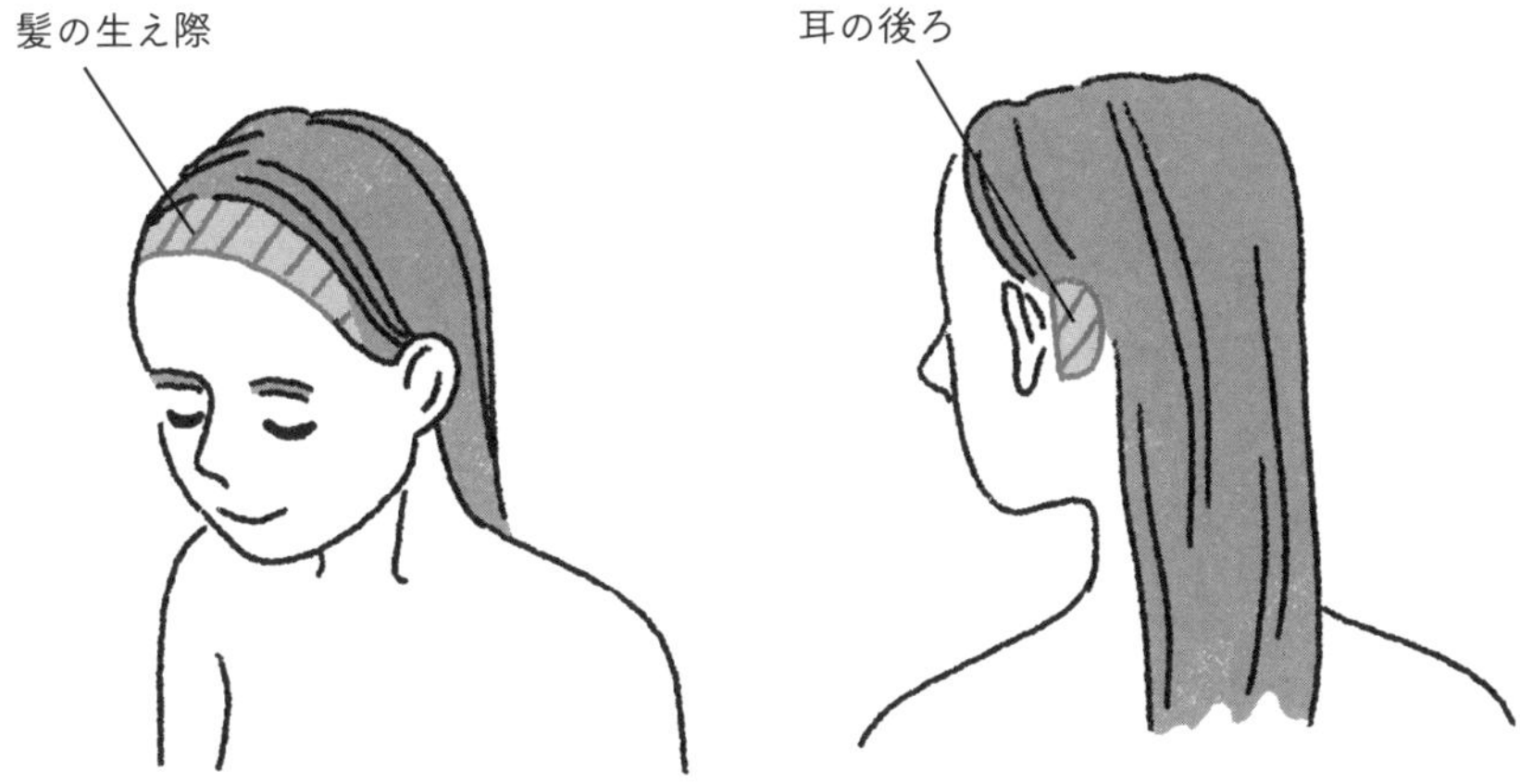

「髪の生え際」と「耳の後ろ」は、二大すすぎ残しがちゾーン。
髪だけでなく、頭皮や肌のトラブルにもつながるので、とくに意識してしっかり洗い流しましょう。

すすぎ残しは肌荒れやニオイの原因にも

トリートメントやシャンプーは、どちらも「すすぎ残し」のないよう、シャワーでしっかり洗い流しましょう。髪や頭皮などにトリートメントやシャンプーが残ったままだと、髪や頭皮、肌のトラブルにつながるリスクも。

すすぎ残しが多くなるパーツは「髪の生え際」と「耳の後ろ」です。肌荒れやニオイの原因にもなるので注意しましょう。

トリートメントは「すべて洗い流さないほうが保湿できるのでは？」と思うかもしれませんが、髪や頭皮の残留物によるダメージを防ぐためにも十分にすすぐことを習慣にしましょう。

45

「このくらいでもういいかな」そう思ってからプラス1分シャワーで洗い流すのが「すすぎ残し」を防ぐコツ。

1分多くシャワーを浴びてすすぎ残しゼロ！

「洗う時間の約3倍かけてすすぐ」「手や指先に感じるヌルヌル感がなくなるまで」「最低でも3分以上」など、いろいろな情報があふれる「すすぎ時間」について。

もちろん、髪の長さやダメージの度合いによっても変わりますが、美と健康の賢者がおすすめするのは「プラス1分」というものです。

「このくらいで十分だろう」と思ってから、さらに1分間だけ多めにシャワーで洗い流すことですすぎ残しの不安はなくなります。

46

髪を洗っている間はずっと後ろを向いてミストを浴びる。自分では手が届かないから背中ケアには最適。

シャンプーで髪を洗ったり、トリートメントを髪に浸透させたりしている時間を「背中ケア」にあてるというアイデア。ウルトラファインバブルが閉じ込められた『ミラブル』のミストをあてて、自信の持てる背中をつくります。

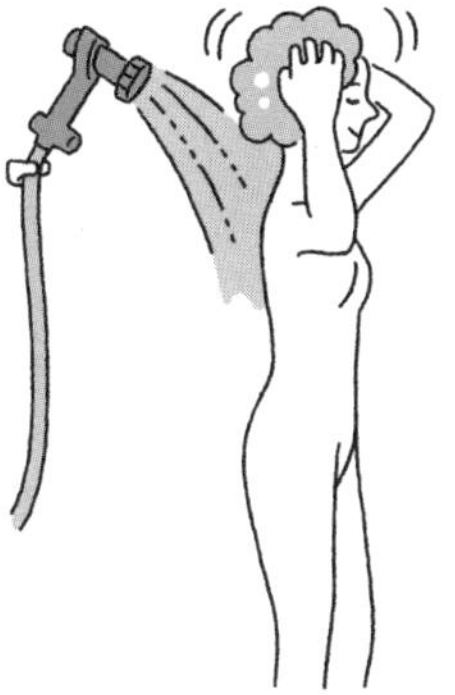

47

「乾けばOK」
という使い方は
今すぐ見直して！

ドライヤーは上から下にあてると
つるんつるんの美髪になる

なぜ美髪になるの？

髪の表面を覆うキューティクルは上から下に、ウロコのように存在する。そのウロコの向きに沿って「上↓下」にドライヤーをあてると髪はキレイに見える

反対に、下から上にあてるとウロコが逆立って、「髪がボサボサの人」の印象を与えかねないので注意

バスタイムの後はしっかり乾かしてから寝ることも、髪へのダメージを防ぐ

ドライヤーは「上→下」の方向にあてる

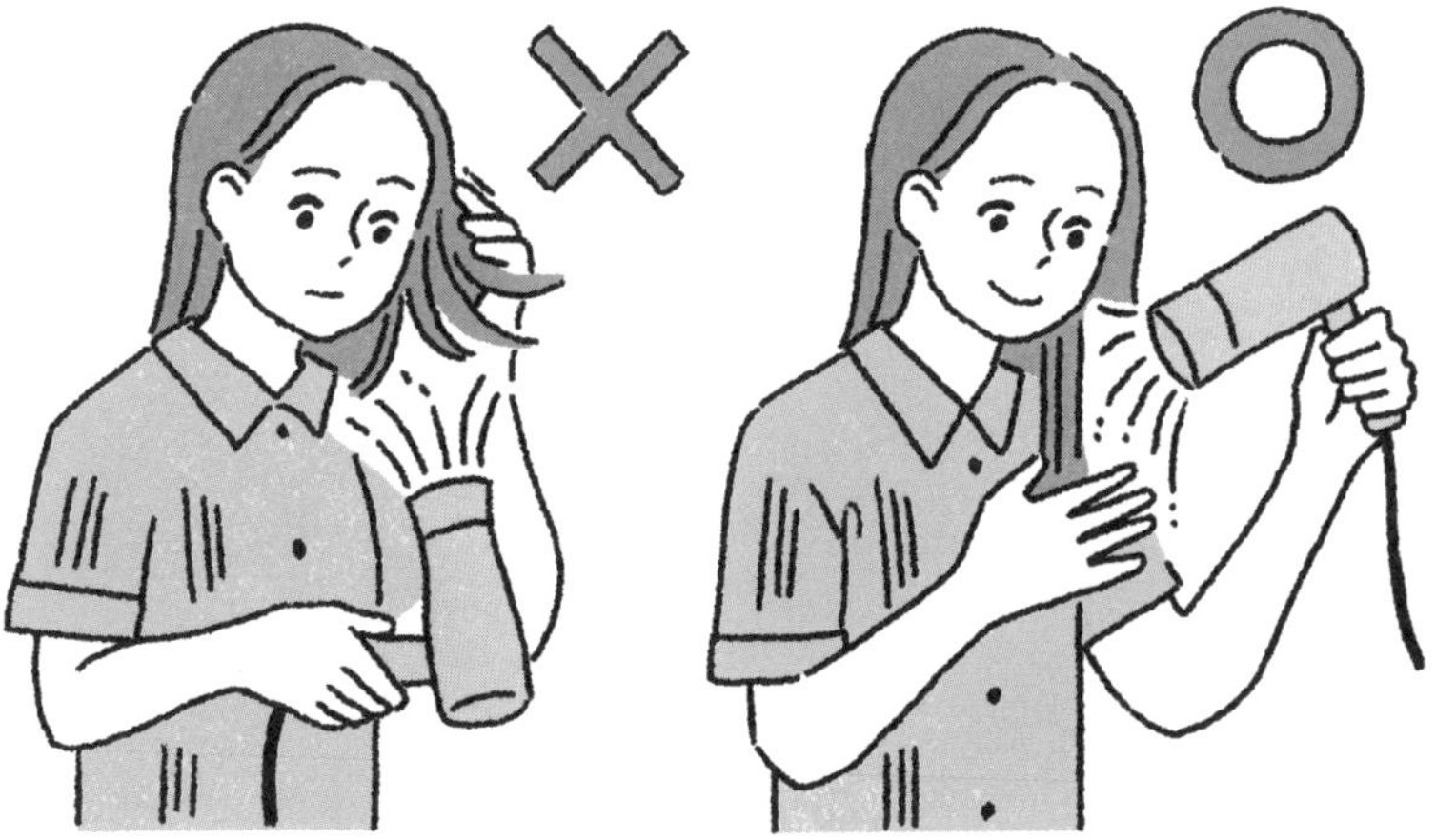

髪の表面を覆うキューティクルの向きに沿って上から下にあてると、
キューティクルも髪になじんでキレイに見えます。
反対に、下からあてるとキューティクルが開いてボサボサに見えるので注意。

キューティクルの向きに逆らわずに乾かす

ドライヤーの使い方で美髪に見えたり、ボサボサに見えたりするのを知っていますか？

見え方を左右するのはキューティクルの存在。キューティクルは上↓下の方向に、ウロコのように重なっています。キューティクルの向きに逆らってドライヤーを下から上にあてると、ウロコが逆立ってボサボサの状態で乾いてしまいます。ドライヤーは、つねに「上から下へ」使いましょう。

夜のバスタイムの後、ドライヤーで乾かさずに寝るのはNG。髪と枕の摩擦でダメージを受けるので、必ず乾かしてから寝るのが美髪づくりの習慣です。

48

タオルドライの後、オイルを髪になじませると仕上がりのツヤ感がひときわ増す。

水分を「拭き取る」ではなく「吸わせる」

シャンプーの後のぬれた髪を、半乾きの状態までタオルに水分を吸収させるのがタオルドライ。ドライヤーをかける手間と時間を減らすことができ、熱による髪へのダメージも軽減できます。髪に負担をかけないタオルドライのやり方は、たたんだタオルに髪をはさんで優しく押さえること。ゴシゴシ拭き取るのではなく、水分をポンポンと吸わせるイメージです。

タオルドライ後に髪にオイルをなじませると、髪の保湿力とツヤ感が増します。

49

ボーナスで購入した高機能ドライヤー。「髪、キレイ！」とほめられた。美髪のための自己投資に大満足。

高機能美容アイテムは美への価値ある自己投資

「マイナスイオンで髪をツヤツヤに」「温度を自動調整できる機能つきで、髪へのダメージを最小限に」「60℃の低温風で乾かすスカルプモードで頭皮をいたわる」といった、機能性に特化したドライヤーを導入している美と健康の賢者たちもいます。高機能のドライヤーは、短時間で乾くので髪や頭皮へのダメージが少ないのも大きなメリットです。

「キレイになるための自己投資」と考えれば、決して高いお買い物でもないのかもしれませんね。

50

食べることで
美髪を育てる
アプローチもアリ！

牡蠣、豆腐、ひじき……
おいしく食べて、美しい髪を育てる

なぜ美髪になるの？

髪の毛をつくっているのは、ほぼたんぱく質。不足しないよう、たんぱく質を食べて補うことは大切

たんぱく質を豊富に含む食材は、魚や肉、豆腐など。毎日の食事でしっかりとりいれて美しい髪を育てる

髪や肌を潤しておくためには、毎日、こまめにお水を飲むことも欠かせない

「食べてキレイになる」という意識を持つ

髪や肌をはじめ、私たちの身体は食べたものでつくられます。牡蠣、豆腐、ひじき、野菜サラダ……
キレイになれる食べものを選んで、毎日の食事に積極的にとりいれましょう。

髪の99%はたんぱく質でできています

私たちの髪は、その99%がたんぱく質でできているといわれています。もちろん、髪だけでなく身体をつくるのもたんぱく質。だからこそ、不足すると髪までいきわたらなくなり、ツヤツヤでさらさらの美しい髪からは遠ざかってしまうことに。魚や肉、豆腐といったたんぱく質を豊富に含む食べものを、毎日の食事でとりいれましょう。

ほかにも、美髪をつくる食材として有名なのは、牡蠣やひじき、野菜など。潤いを守るためにお水をこまめに飲むことも忘れずに。

明日のキレイをつくる
ミラブル式
Beauty Topics

ミストで髪に潤いを取り戻す!
週末のスペシャル美髪ケアをしよう

Q パサパサ髪を
しっとりつややかにしたい時は?

A 週末など時間に余裕がある時に、
ミストを使った
スペシャルケアをしましょう!

ミラブルシリーズのシャワーヘッドのミスト水流は汚れを落とすだけでなく、髪の保湿にも活用可能。たとえば、シャンプー&トリートメントという通常のヘアケアの後、仕上げに潤いをたっぷり与えるイメージでミスト水流を頭皮と髪の毛にたっぷり浴びさせます。タオルドライ後、オイルやミルクをつけてドライヤーで乾燥。「髪自体の水分量が上がれば、ドライヤーによる熱ダメージを和らげるのでは」と考える美の賢者も多数。週末や時間に余裕がある時のスペシャルケアとしておためしください。

Chapter 3

バスタイムで「カラダ」を磨く

51

肌も髪も身体も
「優しく洗う」が
新定番！

ボディタオルでゴシゴシするより「泡」と「手」で洗う

なぜ美bodyになるの？

肌を摩擦によるダメージから守るには、ボディタオルでのゴシゴシ洗いをやめる

ボディタオルは身体を洗うためではなく、身体を洗う「泡」をつくるためのアイテム、と心得る

しっかり泡をつくったら、手で身体に滑らせて肌表面の汚れを吸着させるようにして、シャワーで洗い流す

肌を傷つけないよう、泡と手で「摩擦レス」の洗い方を！

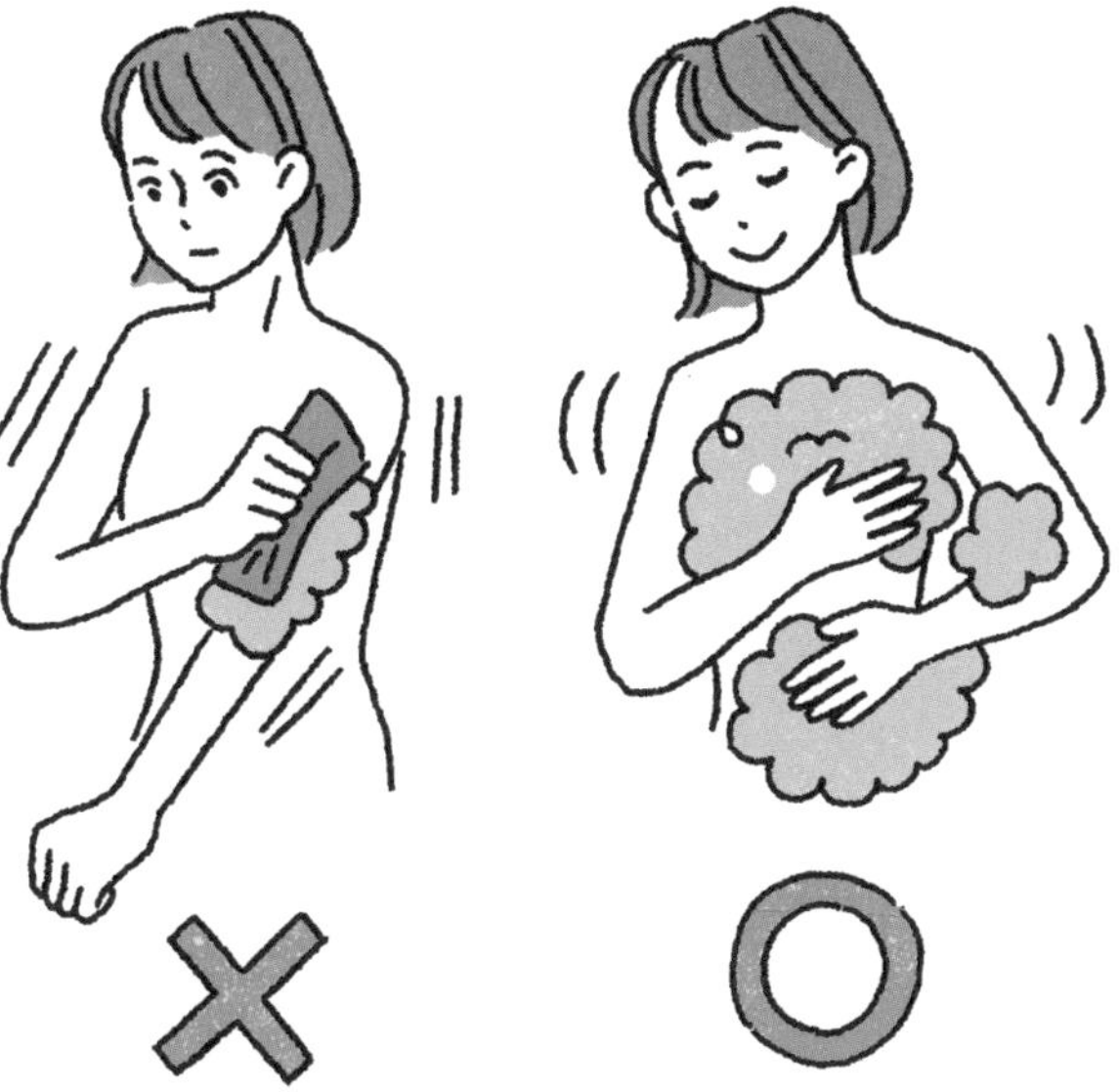

ボディタオルで「ゴシゴシ洗い」をしなくても、よほどの汚れでなければ泡と手で身体の汚れは落ちるもの。
洗いすぎによる乾燥を防ぐためにも今夜から実践しましょう。

ボディタオルは身体を洗う泡をつくるもの

身体を洗う時、ボディタオルを使ってゴシゴシこすり洗いをしていませんか？

美の賢者たちは、顔も髪もゴシゴシこすりません。ボディタオルを使ったとしても、それは身体をこするためではなく、ボディソープや石けんで泡をつくるための目的です。

皮膚の汚れは泡に吸着させて、それをシャワーのお湯で洗い流します。「泡と手」のみで、身体を洗うほうが摩擦は少なく、必要以上に皮脂をとりすぎることもないため、肌をダメージから守ることができるのです。

52

ボディソープの
選び方を見直して
乾燥対策をする

乾燥肌のボディソープ選びのコツは「洗浄力」より「保湿力」

なぜ美bodyになるの？

汚れを落とす「洗浄力」より、肌をダメージから守る「保湿力」に注目

洗いすぎによる肌への負担をできるだけ少なくする

低刺激のボディソープや保湿成分が配合されているボディソープを選ぶ

ボディソープは保湿力の高さを優先して選ぶ

洗浄力の高さや泡立ちのよさ、香りや価格など、それぞれの特徴があるボディソープ。
乾燥肌や敏感肌でお悩みの人は、保湿力の高さで選んでみてください。

肌の潤いを守るボディソープ選びをする

乾燥肌や敏感肌で悩んでいる人は、今使っているボディソープを見直すことで改善を期待できるかもしれません。乾燥肌や敏感肌の美の賢者たちがボディソープを選ぶ時に「洗浄力」よりも重視しているのが「保湿力の高さ」です。必要以上の潤いを肌から奪わないようにすることで、洗いすぎにより肌の乾燥や肌のトラブルを防ぐ目的があります。

「セラミドやヒアルロン酸、スクワランやグリセリンといった保湿成分が入っているものを選ぶ」など保湿成分にこだわっている人もいます。刺激が少なく、肌に優しいものを選びましょう。

53

シャワーヘッドを変えたら
ボディソープを使わなくなった。
潤いは残したまま
汚れを落とす、が美肌の秘訣。

水と空気の泡で優しく肌を洗い上げる

　ボディソープや石けんに含まれる界面活性剤は、洗浄力が強すぎるものだと肌に必要な油分まで洗い流してしまう可能性があります。その点、ミラブルのウルトラファインバブルは、水と空気だけでつくられているので、「肌の潤いを奪いすぎる心配がない」とのこと。それでいて、目には見えないほどの超微細な気泡が毛穴までアプローチするので汚れはしっかり落ちます。

　シャワーヘッドをミラブルに変えて、ボディソープを使わなくなった人が増えているのはそのためです。

54

背中のニキビケアには泡で出てくるボディソープが便利。背中に滑らせた泡がすっきり洗い上げてくれる。

泡で出てくるタイプのボディソープは、手のひらに乗せたたっぷりの泡を背中に滑らせるようにすれば、肌を刺激せずに皮脂や汚れをしっかり落とすことができます。

55

まずはシャワーのお湯だけでざっと洗い流す

ボディソープで洗う前にシャワーを浴びて「予洗い」をする

なぜ美bodyになるの？

身体も髪と同じように、シャワーのお湯だけで軽く洗う「予洗い」をする

「予洗い」でざっと汚れを落とし、肌をぬらしておくと、その後のボディソープの泡立ちがよくなる

胸の谷間、背中、脇の下は、皮脂や汚れがたまりやすいので入念に洗う

ボディソープをつける前にシャワーを浴びて「予洗い」を

身体を洗う時は、いきなりボディソープの泡を肌に乗せていくのではなく、
まずはシャワーを浴びて「予洗い」します。その後のボディソープの泡立ちも格段にアップします。

身体も「予洗い」して肌をダメージから守る

身体を洗う時も、シャンプーをする時と同じように「予洗い」をしましょう。シャワーを浴びながら、全身を手でマッサージするようにして軽く汚れを落とすイメージです。「予洗い」をすることで、ボディソープや石けんの泡立ちもぐっとよくなるだけでなく、結果的に洗浄にかける時間も短くなるので肌への負担も少なくて済みます。背中や胸の谷間、脇の下などは皮脂や汚れがたまりやすいので丁寧に洗いましょう。

「髪→身体」の順番で洗うと、シャンプーやトリートメントが身体に残留するのを防ぐことができるようになります。

56

汚れや皮脂をしっかり落としたい日は保湿成分の入った固形石けんで身体と顔を洗う。

アルカリ性の石けんで酸性の汚れを洗い流す

肌の汚れや古くなった皮脂が酸性なのに対し、石けんはアルカリ性。酸性の汚れなどには、アルカリ性の石けんを用いると短時間でしっかり洗うことができるといわれています。

そんな高い洗浄力を誇る石けんに、グリセリンやスクワラン、ホホバオイルといった保湿効果が期待できる成分を配合したものもあります。すっきり洗い上げたい時は、身体や顔を石けんで洗うという選択もありでしょう。

57

リラックスかリフレッシュか。ボディソープは2種類を朝と夜で使い分ける。

入浴後にほのかに香るアロマ効果を楽しんで

ボディソープを選ぶ時、香りを重視している人もいます。たとえば、グレープフルーツやオレンジなどの柑橘系のアロマでリフレッシュ効果を狙ったり、ラベンダーやベルガモットといったリラックス系の香りでやすらぎを得たり。「朝のシャワーはリフレッシュ、夜寝る前のバスタイムはリラックス」というように、目的ごとにボディソープの香りを使い分けて楽しむのもおすすめです。

58

適温のお湯に
浸かって
ぐっすり眠る

季節によって湯船の温度を変える

なぜ美bodyになるの？

熱すぎるお湯に長く浸かりすぎて、肌の潤いを奪わないように気をつける

「春38℃」「夏36℃」「秋38℃」「冬40℃」が美肌づくりのおすすめ温度

寝る前のバスタイムでは、ぬるめのお湯に浸かってリラックス効果に期待。朝までぐっすり眠ろう

季節や気温によって湯船の温度を調整しましょう

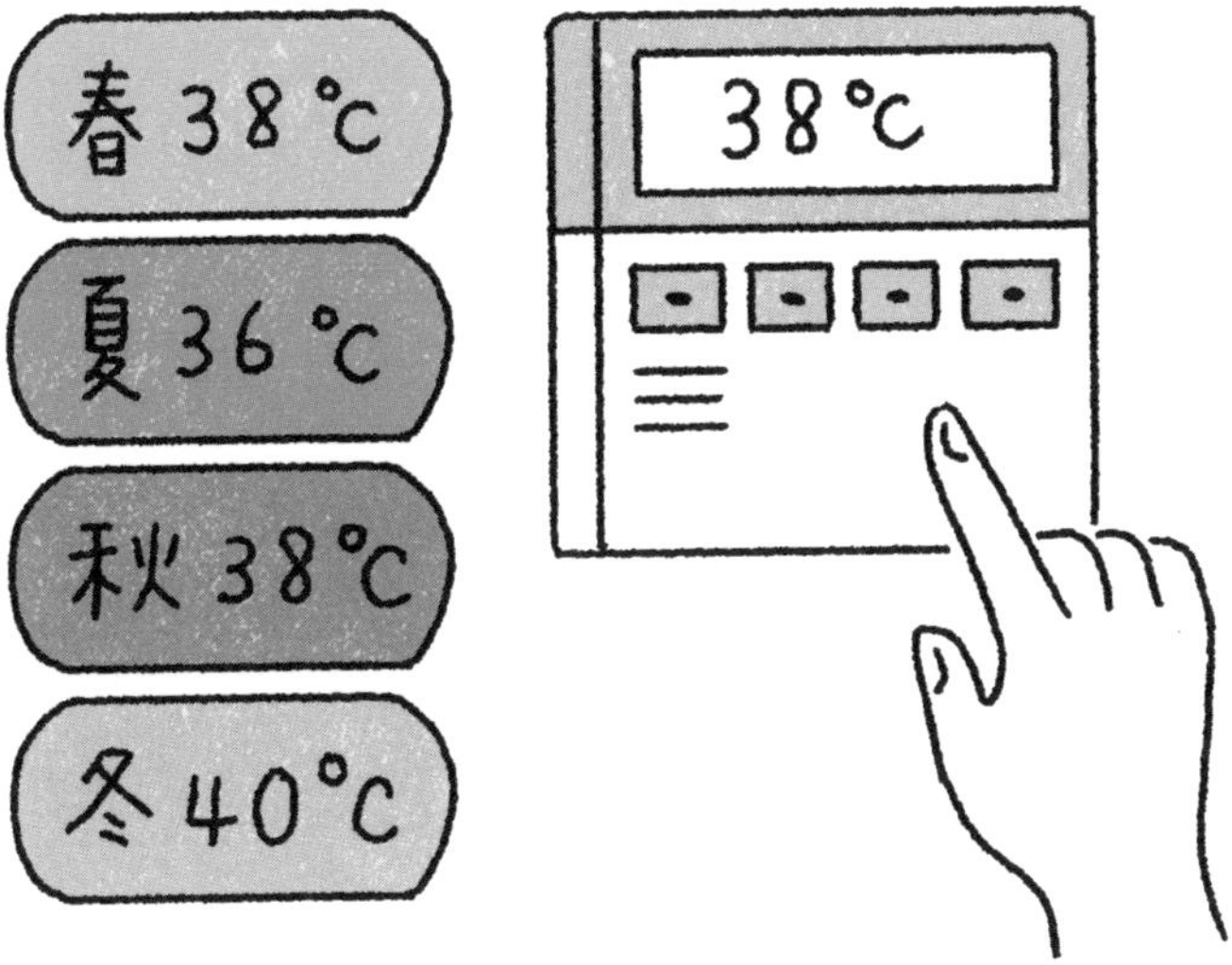

肌に必要な皮脂を残したまま、しっとり潤いの美肌をつくるためにも、
湯船の温度は季節や気温によって調整するのがおすすめ。
「春38℃」「夏36℃」「秋38℃」「冬40℃」を目安にしましょう。

肌の潤いを奪わない ぬるめの湯船でリラックス

美の賢者たちがバスタイムに浴槽に浸かる時の湯船の適温の目安は「春38℃」「夏36℃」「秋38℃」「冬40℃」。ちょっとぬるめに感じるかもしれませんが、肌の潤いが奪われて乾燥するのを避けるためには湯船の温度は熱すぎないほうがよさそうです。

とくに寝る前は、副交感神経のスイッチをオンにしてリラックスしておくことも大切です。

熱すぎるお湯は、心と身体を緊張させる交感神経が活性化するリスクもあるので気をつけましょう。

59

季節によって
バスタイムの
目的を変える

冬は保温、夏は洗浄を優先させてバスタイムを楽しむ

なぜ美bodyになるの？

冬のバスタイムでもっとも大事にすべきは身体を温めること

身体が温まると全身の血流がアップし、酸素や栄養分がすみずみにまでいきわたる

汗をかきやすい夏は、肌トラブルを防ぐためにも清潔に保つことを入浴の目的にする

冬は保温、夏は洗浄を心がけたバスタイムを

四季を通じて毎日楽しみたいバスタイム。
冬は身体を芯から温める保温、夏は身体を清潔に保つ洗浄をそれぞれ意識しましょう。

入浴で身体を芯から温めて全身の血行をよくする

冬季のバスタイムの最大のメリットは、身体が温まることです。湯船にじっくり浸かって身体の芯から温まることで、血行がよくなります。血行がよくなるということは、身体のすみずみまで酸素などの栄養が運ばれるということ。フレッシュな血液が全身をめぐるようになれば、美容にも健康にもいいはず。冬季のバスタイムには、そんなメリットも期待できるでしょう。

汗をかきやすい夏季は、洗浄が最優先。肌を汚れたままにしておかないことが美しい身体づくりの基本です。

60

バスタイムに
マッサージをして
深くリラックス

湯船に浸かったままできる簡単セルフマッサージ

なぜ美bodyになるの？

バスタイムをセルフマッサージの時間として活用する

セルフマッサージは湯船で身体を温めた状態でおこなうと、さらに深い心地よさを味わえる

鎖骨周辺を優しくいたわるようにマッサージするのがコツ

鎖骨周辺のマッサージで心地よさを味わって

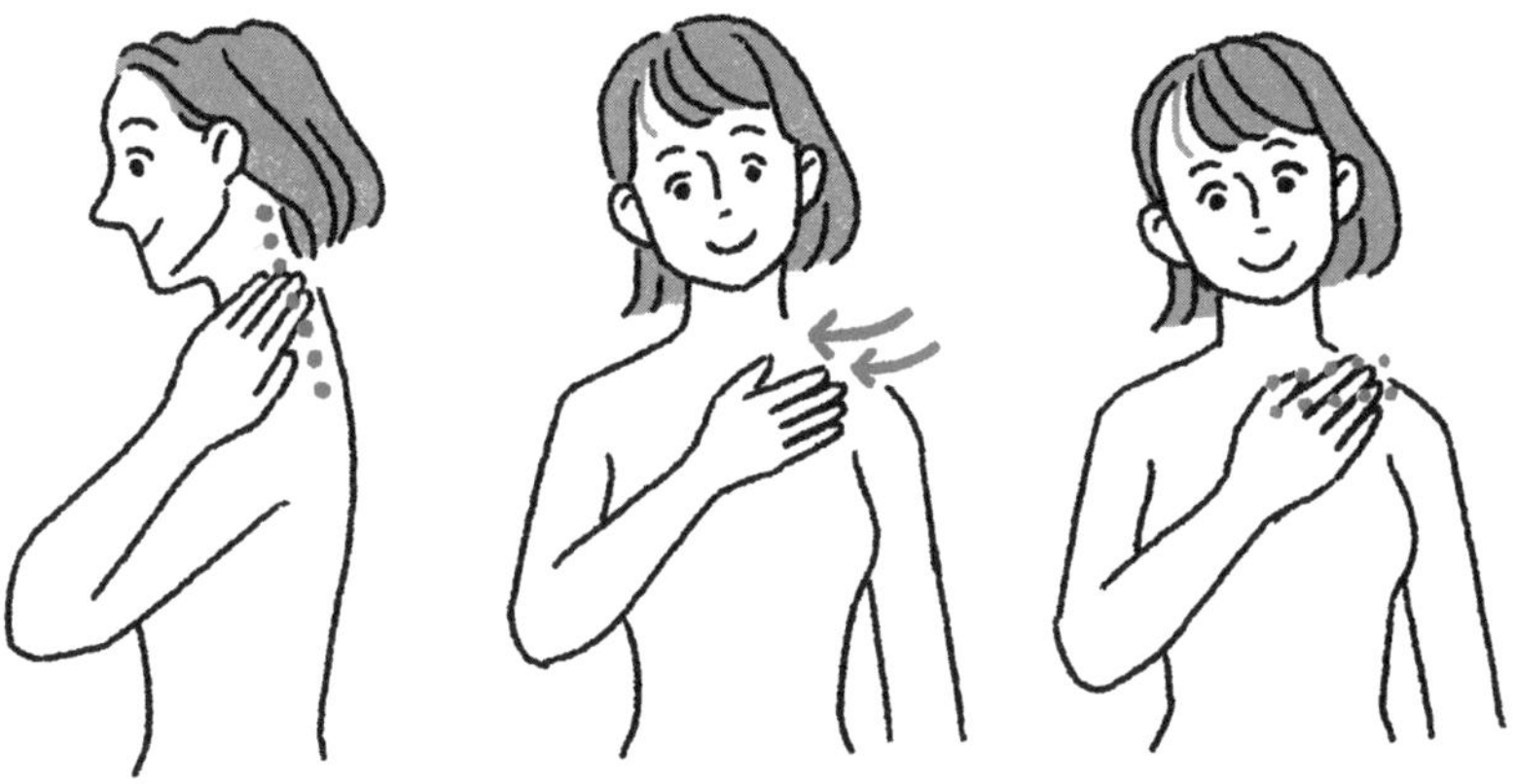

難しいテクニックは要りません。湯船のなかで、首筋と鎖骨に沿ったラインを指先で優しく押さえていくだけで気持ちのいいマッサージタイムになります。

湯船で温まりながらのマッサージでリラックス

バスタイムをマッサージタイムとしてリラックス効果を高める方法もあります。湯船に浸かっているると心と身体の緊張がやわらいでリラックスした状態になりますが、セルフマッサージをすることで、さらに深い心地よさを味わえるでしょう。

簡単に実践できるのは、湯船に浸かって身体が温まってきたタイミングでおこなう鎖骨周辺のマッサージです。まずは、首を下から上に優しくなで上げます。次に、鎖骨の下の部分を骨の位置をたしかめるように、ゆっくり左右に動かしてもむようにします。気持ちよさを実感してください。

61

おでこのシワに入り込んだ
ファンデーションの汚れも
湯船の泡の力ですっきり除去。
おうちにいながらエステ感覚を。

水と空気でできた0.003ミリの超微細な気泡が肌のすみずみの汚れや毛穴の奥の老廃物に付着して浮き上がらせるというお風呂、ミラバス。自宅のバスルームにいながらエステ感覚が味わえます。

ミラバス
316,800円（税込み・工事費別）

62

バスタイムを充実させるバスソルトは体内の老廃物をごっそり出すデトックス効果を狙う。

バスソルトは「天然塩」と「エプソムソルト」の2種類

湯船にバスソルトを入れてバスタイムを楽しむ人もいます。バスソルトには2種類あって、ひとつはマグネシウムやカルシウムといった天然ミネラルが含まれる天然塩。ヒマラヤ岩塩や死海の塩などが有名で、おもに塩化ナトリウムを主成分とします。もうひとつは、硫酸マグネシウムが原料となるエプソムソルト。ソルトといっても、塩ではなくマグネシウムです。

バスソルト入りの湯船に浸かって汗をたくさん出すことで、老廃物を排出するデトックス効果も見込めるでしょう。

63

「ルーティンだから
なんとなく」で
身体を洗わない

丁寧なケアが必要な身体のパーツは「脇の下」「首回り」「足の指の間」

なぜ美bodyになるの？

私たちの身体は、スポーツをしない日でも1日1リットルは汗をかくといわれている

身体のなかでも汗や皮脂がとくにたまりやすいのは「脇の下」「首回り」「足の指の間」など

毛穴のつまりによる肌トラブルやニオイの原因にもなりかねないので、丁寧なケアが必要

「脇の下」「首回り」「足の指の間」は、とくに丁寧に洗い流す

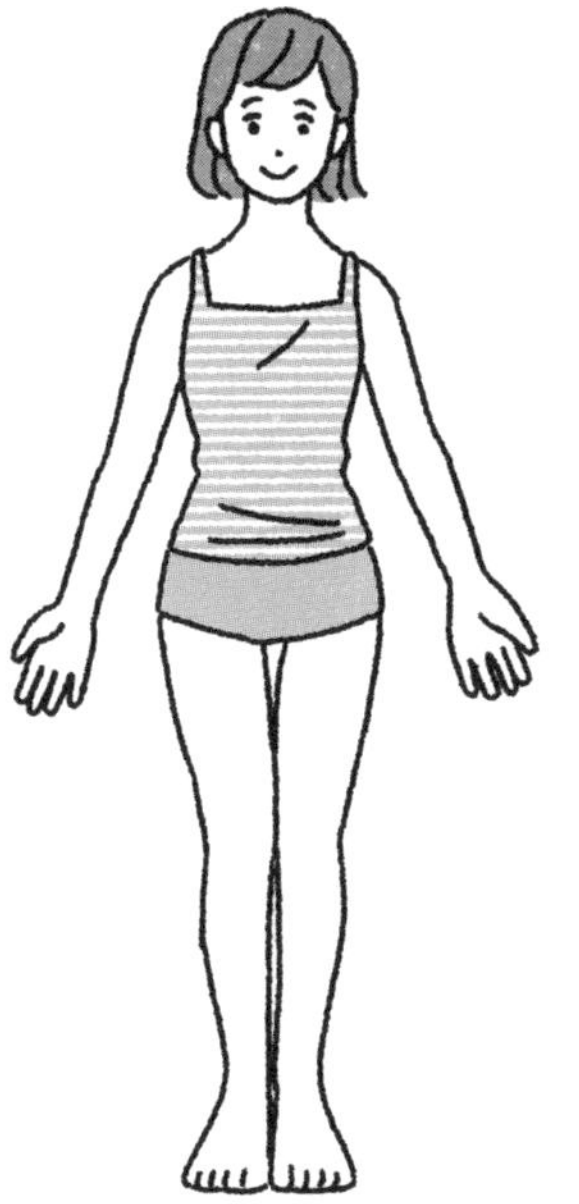

汗や皮脂などの汚れがとくにたまりやすいとされる「脇の下」「首回り」「足の指の間」は、
肌トラブルやニオイの原因につながるので意識してケアしましょう。

毛穴のつまりや体臭を招かないよう丁寧なケアを

いつもなんとなく身体を洗っている、という人も「ここだけは丁寧に洗いましょう」というパーツがあるのを知っていますか？

それは、「脇の下」「首回り」「足の指の間」です。ここは、とくに汗や皮脂など汚れがたまりやすい場所。エクリン汗腺と呼ばれる汗腺から分泌される汗は、スポーツをしない日でも1日約1リットル、スポーツをした日や真夏は1日約3リットルもの量になるという説も。汚れをそのままにしておいて毛穴のつまりや体臭といったトラブルを招かないよう、しっかりケアをしましょう。

64

湯船でできる
足のむくみ対策
簡単マッサージ

むくみ対策にもつながる湯船のなかでの簡単マッサージ

なぜ美bodyになるの？

足に疲れを感じたら、その日の夜のバスタイムでマッサージすることで翌日まで疲れを残さない

たくさんツボがある足のポイントを押さえながら「気持ちいい」と感じる強さで、湯船のなかでマッサージをする

お風呂で温まった状態でのマッサージは、さらに血流アップも見込めるので、むくみ対策にも効果が期待できる

3つのツボを刺激しながらくるくる足をマッサージ

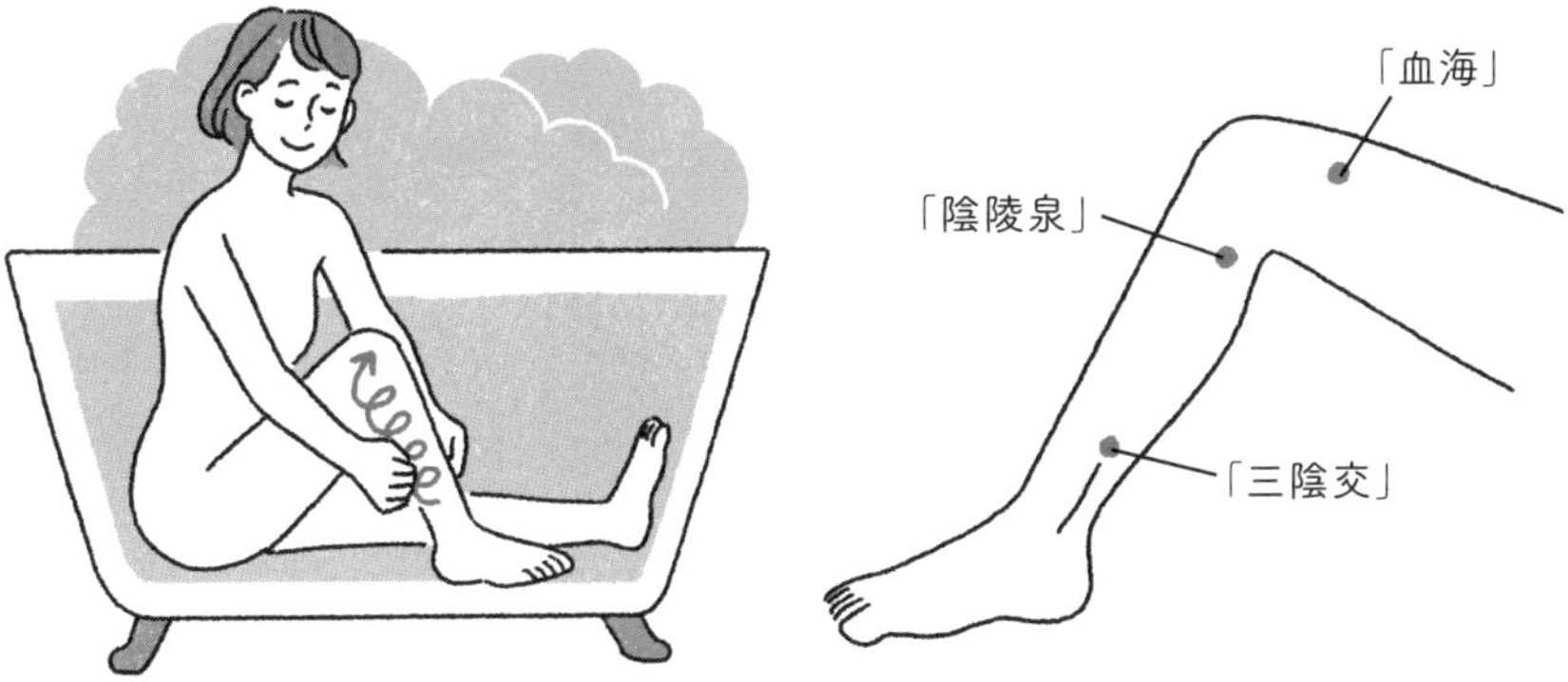

どちらもヒザのお皿の内側から、指4本分上のところにある「血海」、指4本分下のところにある「陰陵泉」、くるぶしの内側から指3本分上のところにある「三陰交」というツボをおさえながら、湯船のなかで足を下から上に向かってくるくるマッサージするのが美の賢者流。

足にたまった、一日の疲れをマッサージで癒やす

「今日は足が疲れたな」と感じた日のバスタイムには、湯船でのマッサージがおすすめです。足のツボを刺激しながら気持ちいいと感じる強さで足をマッサージすることで、血流がアップ、冷えやむくみ対策にも効果が期待できます。

湯船に浸かって身体が温まったタイミングで、片ひざを立てて、足を挟むようにグーにした両手でくるくると下から上に向かってマッサージします。

その日の疲れはその日のうちにすっきりデトックスして、翌日まで持ち越さない工夫をしましょう。

65

湯船で身体を温めながら肩や足にシャワーの水流をあててマッサージする心地よさ。1日の疲れが丸ごとクリアに！

ストレート水流の刺激でマッサージ感覚を味わう

夜のバスタイムは、湯船に浸かって身体を芯から温めているだけでも心身がほどけていく心地よさがありますが、さらに上をゆくリラックス術を心得ているのが美の賢者です。「ミラブルシリーズのストレート水流はミストに比べて水圧が強め。この水流を、首から肩にかけて、足のふくらはぎなどにあてるとマッサージのような気持ちよさを味わえます」とのこと。

ミラブルシリーズのシャワーヘッドのストレート水流のモードで身体の疲れがたまっている部分を刺激します。

66

バスタイムは「仕上げの1分」に美しさを底上げするシャワーの魔法が潜んでいる。

保湿、血行促進etc……シャワーの水流を活用

バスタイムの仕上げとして、ミラブルシリーズの水流を効果的に活用している美の賢者は多いもの。

たとえば、「仕上げに全身をミスト水流で洗い流しています。シャンプーやボディソープを肌に残さないように」「仕上げとして髪や顔、全身にミスト水流を浴びることで、全身の潤いが増す気がします」「ボディ→腕→足という順番でそれぞれ20秒ずつ仕上げにストレート水流をあてることで、全身の血行促進をうながします」など、美しさを意識した水流の活用法です。

67

肌に直接触れる
アイテムは
安心できる素材を

タオル、ウェア、寝具など、肌に直接触れるアイテムは綿100%で

なぜ美bodyになるの？

化学繊維に比べると、綿は肌への刺激が少ない素材

綿は吸水性も高いので、汗をかいても水分を吸い取ってくれる

下着やパジャマなど、直接肌が触れるアイテムは、綿100%のもので肌への負担を軽減する

バスタオルやルームウェア、リネン類などは綿100%のものを選ぶ

バスタオルや下着、ルームウェアや枕カバーなどのリネン類は肌に直接触れるもの。なるべく肌への刺激の少ない綿100%のものを選びましょう。

刺激が少なく通気性が高い綿100%のアイテムを活用

バスルームから出た後も、美肌づくりのためのケアはできます。たとえば、バスタオルをはじめ、下着やルームウェア、枕カバーやシーツといった肌に直接触れるものを綿100%のものに変えるだけでも、肌への負担はぐっと軽減できます。

綿は、繊維が化学繊維より柔らかく、肌への刺激が少ないという特徴があります。余分な水分はもちろん、汗をかいてもしっかりと水分を吸い取ります。通気性にも優れているため、蒸れが原因で肌トラブルを起こすことも少ないとされています。

68

身体も顔と同じ
「水分＋油分」の
ケアが必要です

アウトバスのボディケアでは水分と油分を肌にチャージする

なぜ美bodyになるの？

肌の水分量を入浴後に減らさないためにも
ボディケアは必要不可欠

アウトバスのボディケアは顔と同じ、
ボディローションなどで水分補給をした後、
ボディクリームなどの油分でしっかりフタをする

とくに乾燥が気になる時や冬季には、
ボディオイルでケアをすると、肌はさらにしっとり潤う

バスタイムの後は、「水分＋油分」で肌を乾燥させないケアが欠かせません

シャワーを浴びた後やお風呂から上がった後は、顔と同じようにボディローションなどの水分とボディクリームやボディオイルなどの油分で美肌づくりをしましょう。

湯上りの肌の水分が飛ばないよう「水分＋油分」の保湿ケアは必須

アウトバスの美肌づくりへのボディケアも、乾燥による肌トラブルを起こさないためには大事なこと。とくに入浴時をピークとして、肌の潤いを保つ皮脂が減り、肌の水分も蒸発しやすい状態に。顔の保湿ケアを済ませたらボディケアもしましょう。

ボディケアの基本の手順は顔と同じ。水分を潤すためのボディローションを塗布した後、油分の多いボディクリームで潤いを閉じ込めるイメージです。乾燥がひどい時は、その上からボディオイルを使うと肌がしっとりします。

69

ボディクリームのケアだけだと水分補給が不足する。だから、入浴後はまずプチプラの化粧水をバシャバシャつける。

プチプラ化粧水でたっぷり使って保湿ケア

顔と同じ、身体にも水分と油分の両方でケアすることではじめて乾燥対策の保湿ケアができるようになる、というのが美の賢者流。そのためにも入浴後はまずはたっぷりの化粧水を身体に吸い込ませるケアが主流。「惜しまず使えることが重要なので、化粧水はプチプラのもので十分」とのコメントも。

70

季節が変われば
スキンケアの注意点も変わる。
季節に合わせた美肌づくりで
つねに自分の肌と向き合う。

季節ごとのスキンケアのポイントを押さえる

季節によってスキンケアを変える美の賢者もいます。

たとえば、春は花粉やほこりで肌がダメージを受けやすい時期。肌に付着した汚れを落としつつ、肌のバリア機能を高める保湿ケアもポイント。夏は、紫外線から肌を守るためUVケアが必須。日焼け止めを肌に残さないよう、クレンジングは入念にします。秋から冬にかけては、本格的な保湿ケアを中心にします。気温の低下が招く血行不良を防ぐためにもバスタイムでの保温はしっかりとしましょう。

71

バスタイムに
発汗する水分は
「飲んで」潤す！

バスタイムの前と後にコップ1杯ずつの水を飲む

なぜ美bodyになるの？

入浴時には汗など大量の水分が身体から排出される

脱水に注意するほか、肌への水分不足による乾燥にも注意が必要

バスタイムの前後でコップ1杯ずつの水を飲んで十分な水分補給をする

バスタイムの前後にコップ1杯ずつの水を飲む習慣を持つ

バスタイムに身体から失われる水分は想像以上に大量です。肌の乾燥を防ぐためにも、
バスタイムの前と後にそれぞれコップ1杯ずつの水を飲んで、全身を潤いで満たしておきましょう。

入浴前後に水を飲んで肌から潤いを奪わない

温かい湯船に浸かっていると、じっとり汗をかくもの。入浴時の発汗は身体の老廃物がデトックスできて気持ちがいい反面、脱水にも注意が必要です。一説によると、1回の入浴で800ミリリットル近くの水分が身体から失われることもあるとか。水分が不足すると、当然のことながら肌も乾燥しやすくなります。美と健康のためにも、バスタイムの前後でコップ1杯ずつの水を飲んで、全身を潤しておきましょう。

飲む水は「冷水＜常温＜白湯」の順番で身体への負担が少なくなるのでおすすめです。

明日のキレイをつくる
ミラブル式
Beauty Topics

意外と見落としがち!?
バスタイム後のボディケアのコツ

Q 入浴後、ボディケアで気をつけたいポイントって?

A 年齢が表れる「ハンドケア」も忘れずに!

バスタイム後は、身体のケアだけでなく「手」の保湿も忘れずにしましょう。皮脂腺がなく、乾燥しやすいパーツといわれる手。美の賢者たちは、肌や髪のケア、ボディケアと同じように、ハンドケアもこのタイミングでしっかりおこないます。バスタイム後は、全身がとてもデリケートな状態になっているので、ハンドケアもほかのパーツと同様、なるべく摩擦を起こさないように優しく、たっぷりの量のハンドクリームやオイルを塗り込みましょう。

Chapter 4

バスタイムで「メンタル」を整える

72

バスタイムで
心のモヤモヤも
クリアにする！

ストレスは バスタイムで 1日ごとに完全リセットする

なぜ美mindになるの？

その日に背負った精神的なストレスは、湯船に浸かってリラックスすることでフローする

バスタイムは身体をくつろがせるだけでなく、心の緊張も解放し、整える働きが期待できる

その日の疲れをバスタイムでリセットすると、「明日からまたがんばろう」というポジティブな気持ちになる

お疲れ気味の1日でも リラックスできるバスタイム習慣を

精神的なストレスを抱えてモヤモヤしたまま眠りにつくより、寝る前のバスタイムで「あー、気持ちいい」と思えることがひとつでもあると、心はポジティブな方向に自然と整います。

ストレスから解放され心を整える時間をつくる

仕事や家事、育児と毎日いろいろなストレスはあるもの。軽くても重くても、その日のストレスはその日のうちにすっきり解消するのがベスト。1日、疲れた後にリラックスの時間を設ける習慣は、自分の心を守って、明日からまた元気で過ごすためにも必要です。そのためにも、バスタイムをリラックスできる時間にできればとても効率的。湯船に浸かって身体をくつろがせるとともに、日中に背負った精神的な緊張から解放され心の調子も整うはず。自分だけの時間がより大切に感じられるようになります。

73

湯船に浸かる
たくさんの
メリットを知る!

冬でも夏でも湯船に浸かる習慣でリラックスできるマインドづくりを

なぜ美mindになるの?

湯船に浸かって心地よさを味わうと
副交感神経が優位になり、
リラックスモードのスイッチがオンになる

湯船に入る目的は、冬季に身体を温めるだけでなく、
四季を通じて心を整える大切な習慣

湯船に浸かるメリットはたくさんあるけれど、
お疲れ気味の心を守る意味でも
バスタイムを大事な時間にできる

四季を通じて毎日しっかり湯船に浸かる習慣をもちましょう

汚れがしっかりとれる
リラックスできる
体温が上がる
疲れがとれる
よく眠れる

「汚れを浮かせてしっかり落とす」「疲れがしっかりとれる」「身体が温まることでよく眠れる」「体温が上がって代謝がよくなる」「リラックスできてメンタルが安定する」など湯船に浸かるメリットがたくさんあるといわれています。

副交感神経を優位にして心から深いリラックスを

湯船には冬季はもちろん、夏季でもしっかり浸かってバスタイムを楽しみましょう。湯船に浸かるメリットとしてよくいわれているのは、「汚れが落ちる」「疲れがとれる」「身体がぐっすり眠れる」「代謝がよくなる」ということですが、「リラックスできる」というメンタルにも大きな影響があるようです。私たちには、交感神経と副交感神経という2つから成り立つ自律神経がありますが、身体を休め、リラックスする時に働くのが副交感神経です。湯船に浸かることで副交感神経が優位に働き、心からリラックスできるようになるといわれています。

74

心が折れそうになる出来事があった日は、何も考えずに「ぬるめのお湯に15分」。これが立て直すルーティン。

「温度は低め、時間は短め」がリラックスできる入浴法

美の賢者たちの湯船に浸かるパターンの多くは「ぬるめのお湯に15分。長くて20分」と想像以上に時間が短めなのが特徴的です。

熱いお湯に長時間浸かっていると、皮脂が溶け出して肌が乾燥しやすくなるというデメリットも考えられます。一方で、メンタルへの影響も。熱いお湯に長く浸かっていると、交感神経が優位になり活動モードに入ってしまう危険性があるといわれています。

結論として、湯船に浸かるのは、肌にもメンタルにも「低め、短め」がよさそうです。

75

美容のために何かできた日は、「お肌のコンプレックスがひとつなくなった!」と前向きに考えるようにする。

温かい湯船に首まですっぽり浸かって身体を温めることは、心に安心感と前向きな気持ちをもたらすもの。身体の芯から温まる温浴効果が見込めるミラバスは「湯冷めをしにくい」と評判です。

———

どこでもミラバス
327,800円
サイエンス

76

バスタイムで
ぐっすり眠る
準備を整える

バスルームの照明を落として「ほのかな明かり」で心を静める

なぜ美mindになるの？

いつもより照明を落としたバスルームの湯船に浸かっていると、リラックス度が増すだけでなく、スムーズな眠りにつきやすくなる

暗いところにいることで、睡眠ホルモンのメラトニンは分泌されやすくなるといわれている

湯船に浸かる時間だけでも、ほのかな明かりを静かに楽しむことで心を穏やかに整える

湯船に浸かる時間は「ほのかな明かり」にする

ぐっすり眠る準備のひとつとして、バスルームの照明をいつもより暗くして湯船に浸かることで、睡眠ホルモンのメラトニンの分泌をうながすという方法もあります。

照明を落として眠りやすくなる準備を

「今夜はとにかくぐっすり眠りたい」と思うほど疲れた日は、バスルームの照明をいつもより暗くして入浴するという方法もあります。一日中、使い続けて疲れている目を休ませるだけでなく、バスタイム後の眠りの準備を少しずつしていく目的もあります。一般的にもいわれていることとして、睡眠ホルモンのメラトニンは、暗いところにいると分泌されやすくなるとのこと。

ほのかな明かりのなかで湯船に浸かり、メラトニンの分泌が促進されれば眠気が強まり、スムーズな睡眠へと導かれるでしょう。

77

旅先や出張先でもちゃんと心をやすませたいから、キャンドルを持参してバスタイムを楽しんでいる。

キャンドルの優しい明るさとゆらぎにリラックス効果を求める美の賢者も少なくありません。アロマ効果のあるキャンドルもおすすめです。

78

バスタイムは身体を浄化する時間であり、心をニュートラルに戻す時間。そして、ぐっすり眠るための儀式。

バスタイムは心も身体も整える時間

バスタイムは髪や顔、身体をキレイに洗い上げる時間だけではない。メンタルの安定にも大きく影響する時間であって、ぐっすり眠るためにも欠かせないひととき――そんなふうに美の賢者たちはとらえています。なぜなら、私たちの身体と心はつながっているから。今日、いつもの習慣の質を少し上げることが、明日の身体と心のコンディションを上げ、パフォーマンスを高くすることになると知っているからです。今晩からより心地よくなるようなバスタイムを過ごしてください。

79

好きなBGMで
バスタイムを
極上時間に！

お気に入りの音楽を聴いてバスタイムの心地よさを加速させる

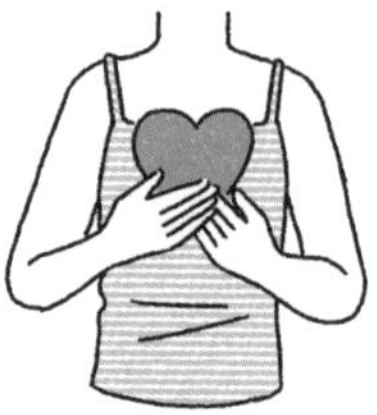
なぜ美mindになるの？

お気に入りの音楽を聴きながらのバスタイムは心の安寧につながる

音楽を聴くと、脳内神経物質のセロトニンが分泌されやすくなり、穏やかな気持ちになるといわれている

癒やし効果のある音楽を聴きながらのバスタイムは居心地のよさがアップ、リラックスモードも加速する

お気に入りの音楽を聴きながらバスタイムを楽しみましょう

今回の美と賢者へのアンケートでは入浴中に音楽を聴いている人も多数、という結果が。
自分のお気に入りの音楽が流れるバスルームはさらに居心地のよさがアップしそうですね！

音の力を借りて心を穏やかに落ち着ける

心も身体も芯からほぐれていくバスタイムをさらに充実させるなら、「音」の力を借りるという考え方もあります。

音楽を聴くと私たちの身体は副交感神経が優位に働き、リラックスモードのスイッチがオンになるだけでなく、脳内神経物質のセロトニンが分泌されて気持ちが穏やかになるともいわれています。

自分のお気に入りの音楽を聴きながらバスタイムを楽しむことで、疲れた心の元気をしっかり取り戻しましょう。

80

お風呂を
より楽しくなる
エンタメ時間に！

楽しくなる映画や動画でハッピーな気分を盛り上げる

なぜ美mindになるの？

楽しくなる映画やドラマ、動画を湯船で鑑賞して気分をハッピーにする

語学系の学習プログラムを視聴することで、湯船に浸かっている15分間を学習時間にすることも可能

つい楽しくなって、目安の入浴時間の15分を超えないように気をつける

映画やドラマ、動画で湯船に浸かっている時間がより楽しく！

バスタイムをよりハッピーな気分にしたいなら、楽しくなるような映画やドラマ、動画を鑑賞するのも◎。
語学系の学習プログラムの視聴に挑戦するのも意欲的！

防水機能のついたデジタルデバイスを活用

自分だけのバスタイムをより楽しくするために、湯船で映画やドラマ、動画などを鑑賞する人もいます。

防水機能のついたスマートフォンやタブレットならそのままバスルームに持ち込めますが、そうでないデジタルデバイスでも市販の防水ケースを活用すればOK。バスルームがエンタメ空間に早変わりします。

くれぐれも楽しすぎてのぼせないよう、15分という入浴時間を守りましょう。

81

お風呂に入るのは
面倒くさいこと
ではありません！

「バスタイム＝キレイをつくる時間」とポジティブにとらえる

なぜ美mindになるの？

「疲れているから」「面倒だから」と思った時こそ、お風呂でネガティブなメンタルをリセットする

美髪、美肌、美body……お風呂に入るメリットがたくさんあることに気づくと、自然と気持ちも上がる

「お風呂に入るたびにキレイになれる」と思うことから美人は生まれる

バスタイムで得られるキレイのためのメリットはいっぱいあります！

お風呂に入った分だけ、髪はつやつやに、肌はぷるぷるに、
身体がピカピカになると思ったらうれしくなるはず。キレイはバスタイムでつくられるのです。

疲れている日こそバスタイムでリラックス

「今日は疲れたから、このまま寝ちゃおうかな」「お風呂に入るのって、時間もかかるし面倒だな」と思う日の夜こそ、しっかりバスタイムを味わうことをおすすめします。

疲れているからこそ、湯船に浸かって疲労を解消し、髪や顔、身体のケアに時間をかけてこそキレイはつくられるからです。

「自分のためだけに向き合う時間」をもつと、自分自身のことを大切にいつくしむことができるのを実感できるのもメンタル面では大きなメリットです。毎日のバスタイムでご自愛ください。

82

スペシャルケアとして
お風呂専用のシートマスクを
顔に乗せて
じんわり温まる幸せ。

メンタルを整え
美肌を生む最高の環境

バスタイムは副交感神経が優位に働き、リラックスモードがオンになるだけではありません。血行が促進されて代謝が上がるともいわれているので、美肌をつくる環境が整いやすいといえるでしょう。

美の賢者のなかにはそんな環境を活用して、バスタイム専用のシートマスクを愛用している人もいます。「ただし、入浴時間が長すぎると美容成分が流れてしまうので気をつけて」とのことです。

83

湯船に浸かって目を閉じて その日一日あった出来事を じっくり振り返る時間を持つ。心を落ち着かせる大事な習慣。

大きく深呼吸を繰り返し 湯船で自分と向き合う

「湯船に浸かった時くらい、何もせずにひたすらぼーっとする」「ひとりで静かになれる貴重な空間だからこそ、バスタイムでは瞑想で心を整える」という美の賢者も少なくありません。湯船に浸かると浮力で身体が軽く感じられることもあり、ぼーっとしたり瞑想したりする時間にはぴったり。

大きく深呼吸をしながら湯船で身体を温め、「今ここ」に神経を集中させながら、自分の心と向き合う時間を持つのもおすすめです。

84

自分の機嫌は
自分でとろう!
しかもお風呂で!

好きな香りの入浴剤で自分のご機嫌をとる

なぜ美mindになるの?

その日の気分に合った入浴剤を入れた湯船に浸かると、より心地よさを味わえる

自分へのご褒美としてスペシャルな入浴剤で極上のバスタイムを楽しむ

「もっとキレイになるために」「もっとリラックスするために」というように、目的を持った入浴剤選びも心がワクワクする

入浴剤やバスソルトなどバスグッズにこだわるとお風呂が楽しみになります

いつも決まったドラッグストアで選ぶのもいいけれど、
たまには専門店に足を運んで入浴剤やバスソルトを選ぶのもワクワクするはず。
それを使うと特別な気分になれるような、お気に入りの入浴剤を選びましょう。

今の自分が求めている入浴剤を選んで楽しむ

入浴剤から得られるメンタルへのメリットもたくさんあります。いくつか入浴剤のラインアップを揃えておいて、その日の気分や目的に合わせ、今の自分の心がもっとも求めている入浴剤をひとつ選んで楽しむのも自分自身をご機嫌にするための方法です。

肩こりや冷え性が気になるなら保温効果のある入浴剤、美肌づくりを強化するなら保湿効果のある入浴剤、リラックス効果を高めたいなら好みの香りに癒やされるアロマ系の入浴剤というように、楽しみながら入浴剤を選ぶのもおすすめです。

85

入浴後は
ストレッチの
心地よさを味わう

熟眠へといざなう バスタイム後のストレッチ

なぜ美mindになるの？

寝る前のストレッチは、副交感神経を優位にして深いリラックス効果が期待できる

バスタイムで温まった身体をストレッチでほぐすと、より心地よさがアップする

眠りにつく前のゆったりしたストレッチで質のいい深い睡眠を得る

バスタイム後の「チャイルドポーズ」のストレッチで気持ちよさを味わって

Step1

腰と同じくらいの幅に足を広げ、左右の肩の下に手首がくるように置き、よつんばいになる

Step2

両手を床につけたまま、ひざを曲げてお尻をかかとの上に落とす。腕を伸ばしながら、おでこを床につける

デスクワークの人にもおすすめのストレッチ

バスルームから出た後のルーティンとして、寝る前のストレッチをとりいれるのも心と身体にリラックス効果をもたらす方法として有名です。簡単なストレッチをするだけで、ぐっすり眠れてすっきり目が覚めるはず。ゆったりと無理のない動きに、身をまかせましょう。

たとえば、上のイラストのようなチャイルドポーズに挑戦してみましょう。

チャイルドポーズは腰やお尻のまわりの血行がよくなるとされ、デスクワークなど座っている姿勢の多い人にもぜひためしてほしいストレッチです。

明日のキレイをつくる

ミラブル式

Beauty Topics

ぐっすり眠ってすっきり起きる！

入浴で睡眠の質を上げる

Q ぐっすり眠れるようなバスタイムの活用法のコツは？

A 湯船やシャワーで身体をしっかり温めることが肝心です！

「寝つきが悪い」「眠りが浅い」「途中で目が覚める」といった、いわゆる「しっかり眠れない」状態に悩んでいる人は多いもの。日本人の約５人に１人が、不眠の症状を抱えているといわれているとか。しっかり眠れていないと、美容にも日々のパフォーマンスにもよくない影響が出てきてしまいます。睡眠の質を上げるなら、バスタイムでしっかり身体を温めて、一時的に体温を上げることが大切です。なぜなら、私たちの身体は入浴後、体温が下がるタイミングで自然と眠気が生じるようなメカニズムになっているからです。

SPECIAL TIPS

＼キレイを底上げする／

ミラブル関連「大ヒット商品」完全ガイド

噂の人気商品についての質問をヘビーユーザーが徹底回答！

大ヒット商品「ミラブル」の使い方 NAVI & TIPS

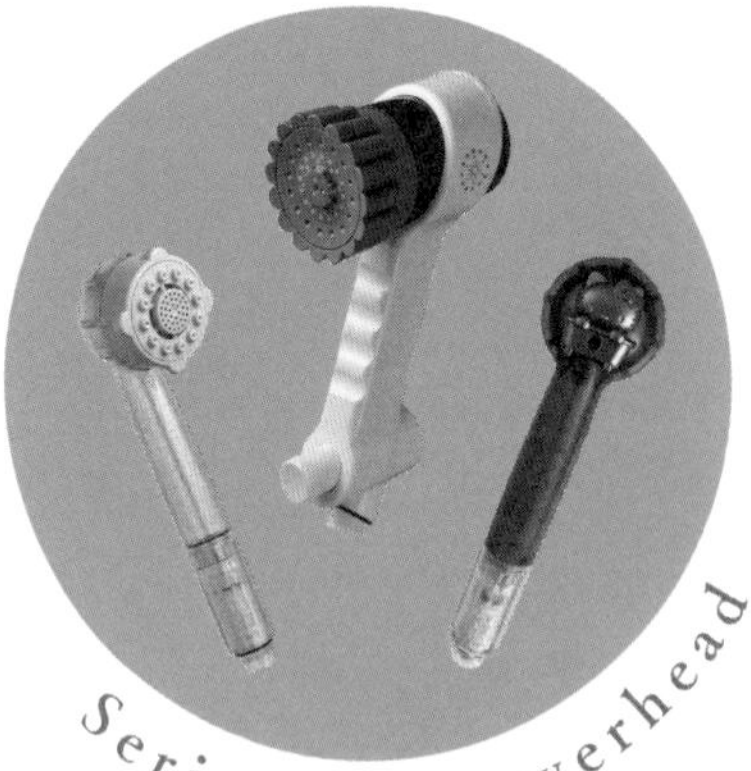

Series of Showerhead

ミラブルゼロ
ミラブルプラス
ミラブル×ハローキティ

ミラブル シャワーヘッドシリーズやミラブルケアといった続々ヒットの快進撃の理由は、なんといってもすごい商品力にアリ。
ヒット商品にまつわる素朴な疑問のあれこれを、株式会社サイエンスの社員＆ヘビーユーザーのみなさんに聞いてみました！

プロならではの使い方を教えて！

➡旅先や出張先でも使いたいので、自宅で使っているシャワーヘッドを取り外して持参します。滞在するホテルのシャワーヘッドがミラブルだと、いつもの習慣を乱すことなくキレイをキープできます。なかには「あえてミラブルが備わってる宿泊施設を選びます」という人もいるほど！

フェイスケアをしたいときは、どうするの？

➡ミスト水流はすぐれた洗浄力を持つウルトラファインバブルをミストのなかに閉じ込め、毛穴まで届ける効果が期待できます。ミスト水流を直接顔にあてるだけで、フェイスケアができます

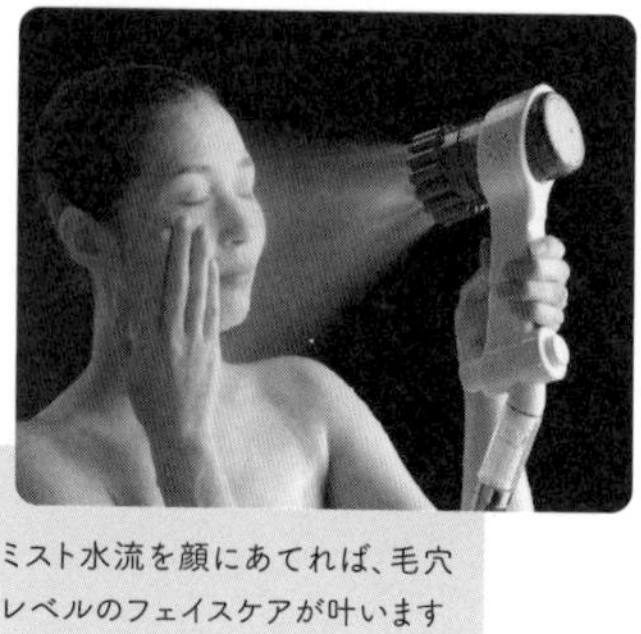

ミスト水流を顔にあてれば、毛穴レベルのフェイスケアが叶います

※効果には個人差があります。また、すべての方に効果があるとは限りません。

フェイス、ヘア、ボディのケアのほかに、どんな使い方ができるの？

➡ストレート水流で排水溝やユニットバスのスキマの洗浄をすると汚れがゴッソリ落ちます

➡エアコンのフィルター掃除がはかどりました

➡ワインをこぼしたシャツに水流をあてたらキレイにシミが抜けました

ヘッドスパができるって本当？

➡『ミラブルzero』のスプラッシュストレートという水流では勢いのある水流のなかに多くのウルトラファインバブルを含み、洗浄力、浸透、温まりといった特性をダイレクトに感じられます。ヘッドスパや頭皮クレンジングにもおすすめです

ストレート水流でヘッドスパも可能。シャンプー前の予洗いにもおすすめです

オーラルケアにも使えるの？

➡『ミラブルzero』の3種類の水流は、それぞれすべて特許を取得。なかでもストレート水流は、リング状の水流が歯間の細かいスキマまでアプローチ。水流を口腔内にあてればオーラルケアもできます

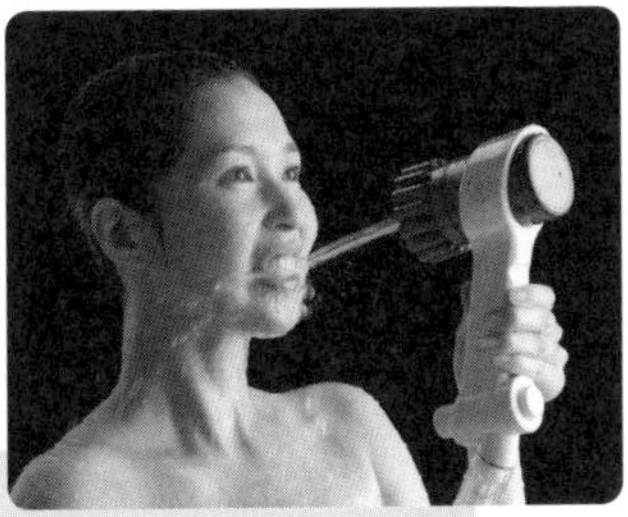

歯科医も求めたミラブルのリングストレート水流の抜群の洗浄力

小さな子どもに使っても大丈夫？

➡もちろんです。シャワーの強めの水流が苦手なお子さまでも、細かいミストの優しい水流なら「子どもが怖がることなく、シャワーを浴びることができる」というお声もいただきます

どうやって使うの?

➡電源は不要。化粧水を容器に入れて、数回ポンピングすれば空気の力で化粧水がミスト状に。レバーを引いて顔にあてて化粧水を顔全体にまんべんなく浸透させます

ミラブルケア

プロはどうやってスキンケアをしているの?

➡洗顔後や入浴後、間髪いれずミラブルケアを顔全体に回すようにして、ミストを噴射させます。朝はその後で乳液→美容液、夜はシートマスク→乳液→クリームor美容液でしっかり保湿します

➡「首までが顔」と思っているので、ミラブルケアは顔だけでなく首などデコルテまで範囲を広げて、毎日朝晩ミストをしっかりあててなじませています

➡冬場はとくに乾燥するので、ミストの後はスクワランオイルでシールドします

容器に入れるのは、どんな化粧水がおすすめ?

➡とろみのあるものよりさらさらのテクスチャーの化粧水のほうがミスト状になりやすいのでおすすめです。ドラッグストアで販売されているプチプラコスメでもミスト状になることで浸透度が高まって感じられるようになります。私はいつも大容量のハトムギ化粧水をたっぷり使っています

Series of Bath

ミラバスのもっとも気に入っているところは?

➡とにかくお風呂上がりの湯冷めがしにくいのがいい。超微細な気泡がはじける時に、ほどよい刺激があるせいか、身体が芯から温まります。 毎日、温泉に入っているみたいです

➡浴槽内のお湯全体に、空気を含まずにねじれが入った対流を起こすエアレスジェット機能がついているため、静かな「ゆらぎ浴」を楽しめます

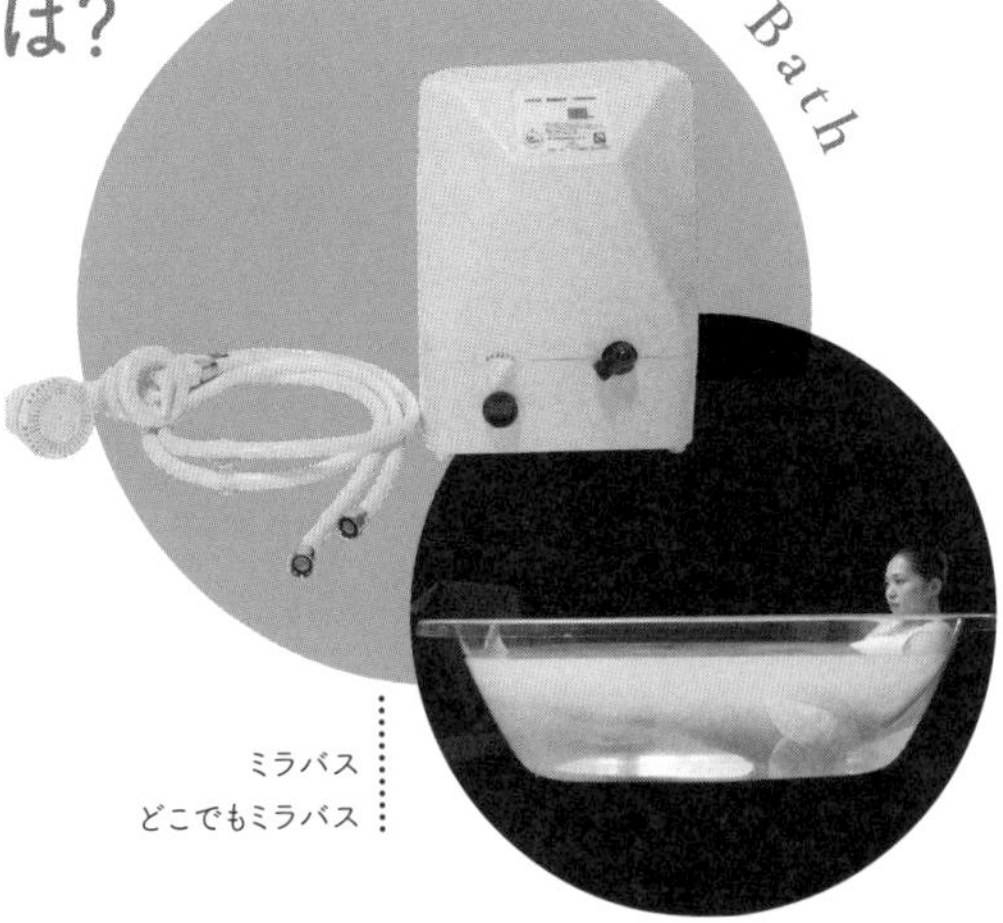

ミラバス
どこでもミラバス

一般的なジャグジーとは異なり、エアレスなため音も静か

湯船に浸かっているだけで汚れまで落ちるの?

➡身体をゴシゴシしなくても、お湯に身を委ねているだけでキレイになります。 1ccに約12,000個の水と空気でできた微細な泡が、肌のすみずみの汚れや老廃物を吸着して取り除きます

賃貸物件に住んでいることもあって、難しい工事なしでミラバスを楽しみたい

➡持ち運べるタイプの『どこでもミラバス ポータブル』ならコンパクトで場所をとらず、施工なしで簡単に設置できます。引っ越しをする際にも移転先の浴室ですぐに使用可能です

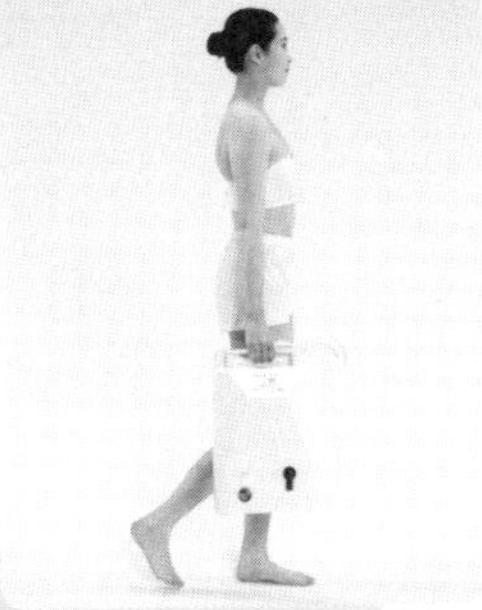

面倒な工事も必要なし。すぐに使える手軽さが人気です

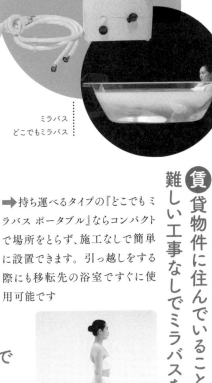

ミラブルキッチンにすると、どんないいことがあるの？

Series of Kitchen

➡水の浸透力によって、水出しのお茶やコーヒー、ご飯や出汁など、食べるものや飲みもののおいしさが底上げされます

➡ウルトラファインバブルが汚れのスキマに入って、ソフトな研磨剤の役割を果たすため、食器洗いが楽になります。油のついたフライパンなどの調理道具も手早く洗うことができます

➡肌への負担が減ったせいか、手荒れの悩みが軽減された気がしています

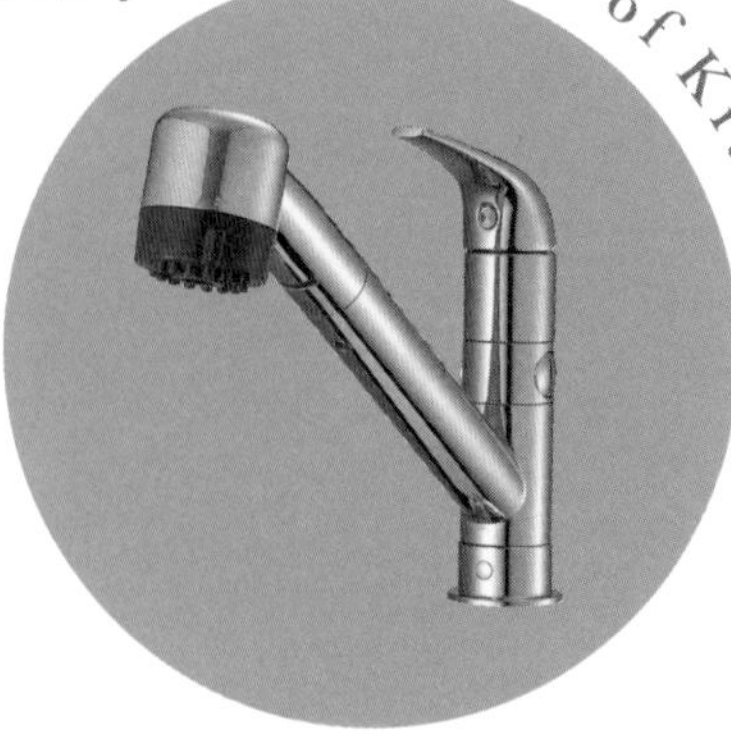

ミラブルキッチン

サイエンスウォーターシステムって、どんなもの？

Others

➡家のなかのすべての蛇口から出る水を浄活水化させるシステムです。家庭に来る水の入り口に浄水フィルター＆セラミックフィルターを含むウォーターシステムを取りつけるので、暮らしにかかわるすべての生活水が市販の水よりピュアなものに変わります

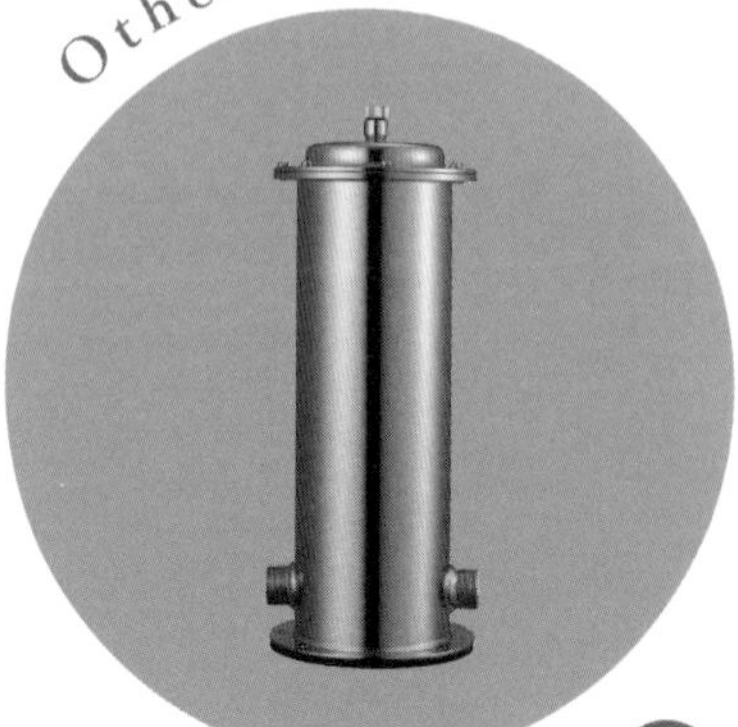

サイエンス
ウォーターシステム

どこに取りつけるの？

➡戸建て住宅の場合は屋外の専用ボックス内に、マンションなどの集合住宅の場合はメーターボックス内にそれぞれ設置します

Series of

Shower head & Beauty & Bath & Kitchen & Others

商品ラインアップ

Mirable zero
ULTRA FINE MIST®

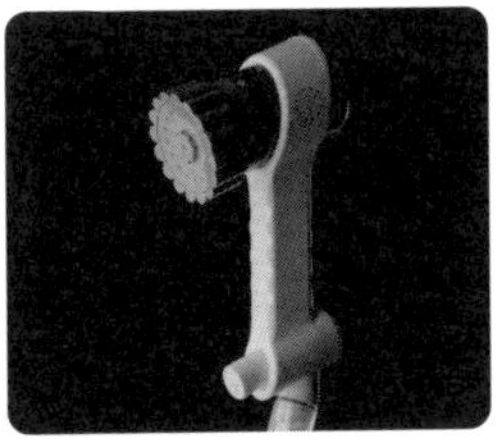

49,390円（税込）

ミラブル plus
ウルトラファインミスト

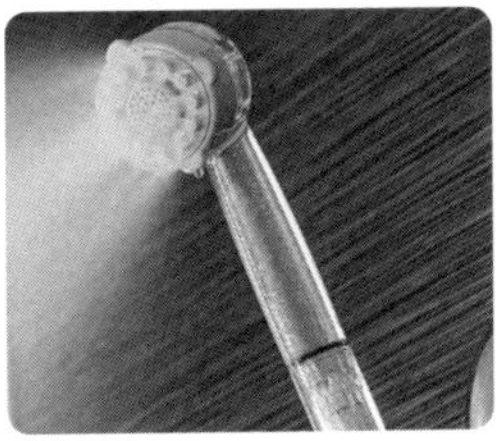

44,990円（税込）

ミラバス
マイクロイオニー

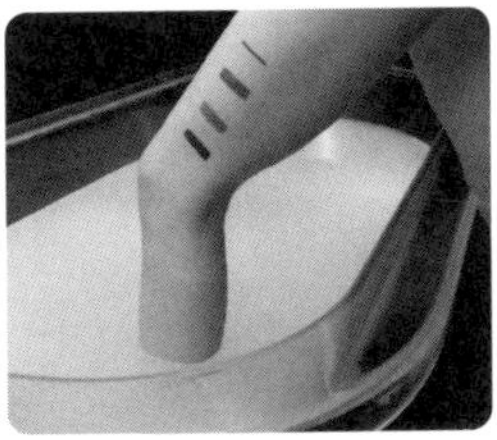

316,800円（税込・工事費別）

どこでも
ミラバス
ポータブル

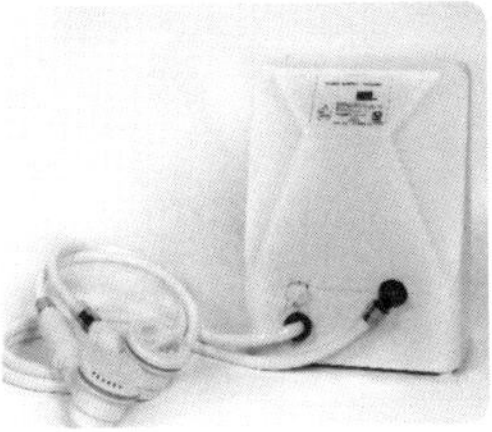

327,800円（税込）

ミラブルキッチン
ウルトラファインミスト

86,680円（税込・工事費別）

ミラブルケア
ウルトラファインミスト

33,000円（税込）

Mirable ULTRA FINE MIST™ × Hello Kitty

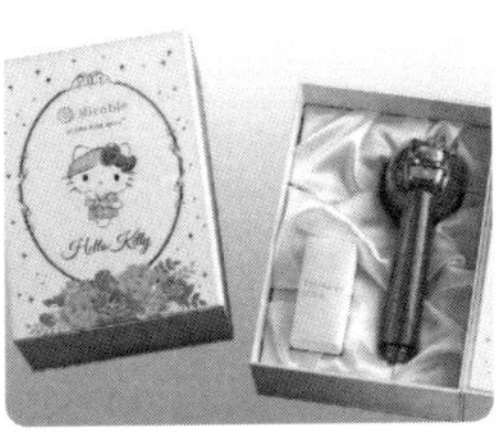

49,940円（税込）

サイエンスウォーター
システム

272,800円（税込・工事費別）

Epilogue

『美人はお風呂でつくられる』――この本のタイトルにこめた、私たちの思いは「いつもなんとなくの習慣として済ませているバスタイムを、キレイな髪や肌、身体や心をつくる時間にしてほしい」というものです。この本を手にとってくださった、ひとりでも多くの方に、そんな思いを届けたいという気持ちです。

バスタイムは、誰もが毎日のように得ることができる当たり前の習慣。だからこそ、その時間を有効活用して、もっとキレイになってリラックスしてほしい。それが私たちの心からの願いです。

「20歳の顔は自然からの贈り物、
30歳の顔はあなたの人生。

でも、50歳の顔はあなたの功績よ」

これは、シャネルの創設者であり、20世紀でもっとも影響力の大きいデザイナー、ココ・シャネルの有名な言葉です。

美容やダイエットは、一日だけ頑張って結果が出るものではないということは誰もが知っていること。キレイは一日にして達成できることではないのです。

とはいえ、毎日コツコツとストイックに努力するのはなかなか大変なことでもあります。その点、バスタイムを活用してちょっとした工夫をするだけなら、それほどハードルの高さを感じることなく、キレイになれてリラックス感まで得ることができるようになります。毎日のそんな小さな積み重ねが、年齢を重ねていくにつれて大きな味方になっていくことを実感できるでしょう。

本書の制作に携わってくださったみなさまと、読者のみなさまに、心よりお礼申し上げます。

ミラブル美人研究会

ミラブル式バスタイムの秘密を大公開
美人はお風呂でつくられる

第1刷　2023年11月30日

著者　ミラブル美人研究会

編集協力　山口佐知子

発行者　小宮英行

発行所　株式会社徳間書店
〒141-8202 東京都品川区上大崎3-1-1
目黒セントラルスクエア
電話　編集(03)5403-4344 ／ 販売(049)293-5521
振替　00140-0-44392

印刷・製本　大日本印刷株式会社

ISBN 978-4-19-865724-6